DU

SYSTÈME PARLEMENTAIRE

EN FRANCE

ET D'UNE RÉFORME CAPITALE.

SAINT-DENIS. — IMPRIMERIE DE PREVOT ET DROUARD.

DU

SYSTÈME PARLEMENTAIRE EN FRANCE

ET D'UNE

RÉFORME CAPITALE.

RÉFLEXIONS ADRESSÉES A M. DE LAMARTINE

PAR LOUIS COUTURE.

...Il faut creuser dans la masse électorale, non pour y découvrir la capacité politique, mais pour l'y faire descendre. Page 267.

PARIS,
LERICHE, LIBRAIRE,
PLACE DE LA BOURSE, 13.

1844.

INTRODUCTION.

A M. de Lamartine.

Il faut en convenir à notre honte, il n'est plus, de nos jours, qu'un seul culte qui fasse des prosélytes : c'est celui du veau d'or. Tout ce qui ne se traduit pas en jouissances physiques est traité d'utopie, et livré comme tel au mépris de la foule. On ne veut pas voir que ce qui fait de l'homme un être tout à part dans la série animale, c'est que, chez lui, quand le corps a pris sa nourriture, l'esprit ne s'endort pas, mais demande la sienne, et que le cœur fait de même. Honneur à vous, Monsieur de Lamartine, d'être résolûment descendu dans la presse pour y combattre des doctrines dégradantes, pour relever enfin, parmi les masses, qui finiraient par se laisser faire, d'autres autels que ceux du bien-être matériel !

Avant tout, aujourd'hui, le peuple a besoin qu'on le relève dans sa propre estime, qu'on lui montre qu'il n'est point un troupeau, et qu'il a dans ce monde d'autres destinées que d'être bien vêtu, bien logé ; de bien manger, bien boire, et puis dormir. Il a besoin qu'on redresse ses vieilles espérances, que de honteuses doctrines s'efforcent de courber jusqu'à terre ; il a besoin qu'on leur redonne une vie toute nouvelle, disons mieux en un mot, qu'on en fasse de la foi. Cette noble tâche, Monsieur, c'est la vôtre ; c'est la destinée de votre parole : déjà le retentissement de vos publications mâconnaises vous a, il y a bientôt un an, révélé votre puissance ; n'est-ce pas dire votre devoir ? Ne regrettez pas d'avoir sacrifié les longues espérances de votre passé conservateur; d'avoir, pour longtemps sans doute, redescendu les nombreux degrés du pouvoir que vous aviez déjà montés. Pour se faire entendre du peuple, surtout pour s'en faire croire, il faut s'approcher de lui, s'asseoir à ses côtés. Vous l'avez fait: il vous en saura gré.

Du reste, n'est-ce pas déjà une belle récompense que cette universelle attention qui accueille chacune de vos productions nouvelles? Grâce à vous, grâce au double prestige de votre nom et de votre talent, une petite ville de province est devenue l'an dernier comme une espèce de capitale en discussion politique. Qu'importe après cela que vos articles du *bien public* soient ou non programme de l'opposition? Il est une autre puissance non moins haute qui tend à les réclamer pour le sien, et c'est l'opinion publique, que votre parole retentissante entraîne et séduit.

Tant de pouvoir, il est vrai, remis en vos seules mains, a créé pour vous une responsabilité toute nouvelle, et qui pour les hommes les plus dignes est encore lourde à porter. En venant prendre place parmi les vôtres, les idées deviennent si vite populaires, que de vos devoirs maintenant le premier peut-être, c'est de scrupuleusement peser les titres de celles qui sollicitent en si grand nombre l'honneur d'être admises. Il en est aujourd'hui plus d'une qui ne sont point parées des faveurs du jour, à qui pourtant l'avenir appartient, mais qui restent trop longtemps confondues dans la foule, où nous ne savons pas les voir; c'est à vous de les en faire sortir, de nous les montrer telles qu'elles sont, de proclamer ce qu'elles valent. D'autres ne puisent leur vie et leur éclat que dans les erreurs de notre temps : car chaque siècle a les siennes; mais celles-là s'avancent le manteau de la popularité sur les épaules, si richement ornées et la tête si haute, que leur maintien séduit : c'est à vous encore de soulever devant nous tout ce brillant costume, et de nous montrer ce qu'il cache.

Pour remplir cette double obligation, avez-vous toujours été sans préventions comme sans faiblesses? Sans doute c'est chose difficile que de rendre justice à toutes; mais aussi n'avez-vous point tenu compte, plus qu'il ne convient à un juge, des arrêts déjà portés par l'opinion sur chacune d'entre elles? Enfin jusqu'ici n'avez-vous point quelquefois fermé trop vite votre porte et votre oreille à l'humble apparence des unes? surtout ne vous êtes-vous pas trop hâté d'ouvrir l'une et l'autre à l'orgueilleuse assurance des autres? Je l'avouerai, Monsieur de Lamartine, bien qu'un tel aveu, sorti de ma bouche, hésite à s'élever jusqu'à vous, ce sont là deux reproches que je ne puis m'empêcher de vous adresser, maintenant que, revenu des premières émotions de votre parole, je porte un regard plus calme sur l'ensemble de vos publications mâconnaises.

Je n'ai point la prétention de juger l'une après l'autre les nombreuses réformes que vous y proposez aux législatures à venir. Je sais que beaucoup d'entre elles échappent, par leur spécialité même, au jugement de la foule, où je reconnais ma place; qu'elles ont droit à n'accepter de blâme ou d'éloge que de la part d'hommes plus pratiques que moi : mais tout en me bornant à ce qui, grâce à la généralité des principes, ressort du jugement de tout le monde, je ne puis voir sans peine la large place que la *Réforme électorale* occupe dans vos espérances politiques, tandis que vous paraissez en réserver une si petite aux idées de nationalité. Enfin, ce qui surtout m'attriste, c'est que vous avez passé en revue les diverses plaies de notre situation politique et sociale, sans qu'un seul mot de votre bouche soit tombé sur la famille. Cependant vous savez qu'elle souffre, qu'elle a à se défendre de la critique des uns, de l'indifférence des autres, enfin qu'elle est mal à l'aise dans une société qui, en se transformant, ne s'est point suffisamment occupée de lui conserver une place. A vos yeux, cette première éducation de l'homme, alors qu'il pense à peine et ne fait que sentir, n'aurait-elle donc plus rien à promettre à ceux qui veillent sur notre destinée? Aurait-elle par suite perdu tout droit à fixer leur regard, à réclamer leur appui?

Plus et surtout mieux que personne, Monsieur de Lamartine, vous flétrissez ce culte ignoble du bien-être matériel, cette concentration de l'individu dans les jouissances sensuelles; mais il ne suffit pas de flétrir, il faut détruire. En laissant à l'écart les sentiments de famille et de nationalité, ne craignez-vous point de vous être privé de deux puissants auxiliaires? Un autre jour j'espère vous soumettre sur cette matière quelques réflexions déjà vieilles dans mon esprit, et qui se sont réunies sous l'impression pénible de votre silence; mais aujourd'hui je crois devoir me borner à vous exposer franchement ce que je pense de votre espoir en la *Réforme électorale*.

En traitant cette dernière question du point de vue plus général de *Réforme parlementaire*, je dirais *constitutionnelle*, si je ne craignais de choquer des oreilles trop promptement timides, j'y joindrai quelques considérations politiques, si inhérentes au sujet, qu'il me serait difficile de les en détacher.

POINT DE DÉPART.

INSUFFISANCE DE NOTRE GOUVERNEMENT DEPUIS 1830 ;
NATURE DE CETTE INSUFFISANCE.

Avant de chercher le remède, il convient de s'assurer si le mal existe et de déterminer quel il est. Avant de parler de réforme, jetons un coup d'œil sur l'état du pays depuis 1830, et ne craignons pas d'y arrêter quelque temps nos regards.

Le gouvernement qui prit naissance en cette année célèbre a déjà vécu quatorze ans : c'est plus que l'empire, un peu moins que la restauration ;

c'est, en tout cas, bien assez pour que la critique ne doive plus se borner à un examen isolé de chacun de ses actes.

Après le résultat si nettement décisif des journées des 5 et 6 juin et des émeutes d'avril, après l'impuissance plus évidente encore de la duchesse de Berry dans les provinces de l'ouest, il n'y a plus eu d'illusion politique raisonnablement possible. La cause de l'ordre, tel que l'avaient conçu les heureux héritiers de juillet, était irrévocablement gagnée, au moins pour longtemps. Tout ce qui a pu survivre d'espérance ou de peur à des évènements d'un sens si clair n'a plus eu sa raison d'être dans l'état du pays ; on ne peut s'en rendre compte que par ces sortes d'hallucinations qui frappent les sociétés secrètes comme pour les punir de leur isolement, ou par des préoccupations d'un égoïsme trop personnel pour qu'elles soient une excuse. C'est donc plus de dix années d'un pouvoir réellement incontesté qu'il faut étudier non pas une à une et pour ainsi dire individuellement, mais dans ce qu'elles ont de semblable, dans ce qui les réunit en une même page de notre histoire.

Malheureusement, si l'on rapproche les uns des autres les faits déjà si nombreux qui la remplissent, si on les compare attentivement entre eux, si on cherche à découvrir ce je ne sais quoi de commun, qui fait que plusieurs évènements viennent se ranger à la suite d'une même cause et semblent désigner ceux qui les rejoindront, on se sent entraîné malgré soi vers des conclusions pleines de découragement.

Sans doute ce serait par trop naïf de prendre au sérieux tous les reproches, tous les outrages dont les divers partis n'ont cessé de couvrir le gouvernement de juillet depuis son origine. Pour qui voudrait n'écouter que ces déclamations contradictoires, rien de bien n'eût été fait depuis les trois journées : chaque acte du pouvoir serait un motif nouveau pour les uns de regretter le passé, pour les autres de désirer plus vivement encore ce qu'ils nomment l'avenir, pour tous de maudire le présent. Mais ces accusations banales et de chaque jour, qui consolent ceux qu'elles ne peuvent plus servir, l'histoire les rejette comme trop légères pour trouver place dans sa balance, et c'est le propre de la raison de devancer ce jugement.

Aujourd'hui, pour être juste, il faut reconnaître que le pays doit à ce gouvernement tant décrié bon nombre d'améliorations dont quelques-unes ne sont pas sans une haute importance : la loi sur les chemins vicinaux, celle sur l'instruction primaire; encore que cette dernière se borne au côté matériel d'un sujet bien plus vaste, sont après tout des titres que la plupart de ses prédécesseurs pourraient bien lui envier. En général, et sans entreprendre un tableau de détail qui ne serait point ici à sa place, on peut avancer que toutes les innovations dont la portée ne s'étendait pas trop loin, et surtout pouvait se limiter avec précision, ont été accueillies avec bienveillance et quelquefois même recherchées avec sollicitude; que toutes les questions qui ne soulevaient que des intérêts facilement isolables et où l'on pouvait satisfaire au besoin du moment sans se préoccuper de ceux de l'avenir, que toutes celles, enfin, que l'on pouvait traiter, pour ainsi dire, individuellement, ont été abordées sans trop de retard, et souvent résolues avec bonheur. Mais aussi, pour continuer d'être juste, il faut reconnaître avec une égale franchise que ce même gouvernement, sitôt qu'il s'est trouvé face à face avec les grands intérêts du pays, ceux auxquels on ne peut toucher sans ébranler la nationalité jusqu'en ses bases les plus profondes, il faut reconnaître, dis-je, que ce gouvernement n'a jamais su qu'hésiter devant un parti à prendre et, ce qui pis est, reculer quelquefois devant un parti pris.

A l'extérieur comme à l'intérieur, c'est partout alors la même indécision, le même manque de suite, les mêmes incertitudes, tranchons le mot, la même insuffisance de convictions et de volonté. En Algérie, nous le voyons rester pendant dix ans sans plan, sans système et probablement sans désir d'en avoir; nous le voyons se laisser pousser en avant par les évènements et finir enfin par subir l'influence irrésistible des faits accomplis. C'est ce que fait l'Angleterre dans cette même question, si l'on en croit les paroles de son ministre, lord Aberdeen. En Orient, sur les rives de la Plata, nous le retrouvons discréditant par les contradictions d'une politique légère ou sans cœur, soit notre intelligence, soit notre courage et peut-être l'un et l'autre à la fois. Si nous rentrons en France, la loi des chemins de fer nous le montre comme ne comprenant pas quel est le rôle du pouvoir en un pays centralisé comme le nôtre, ou, s'il l'avait compris, comme ne sachant ou n'osant défendre ses droits et ses devoirs contre l'avidité d'une oligarchie industrielle. Regardez-le dans cette interminable question des sucres : il passe son temps à chercher les conditions d'un équilibre qu'il voudrait rendre stable, malgré l'absurdité d'une pareille prétention, puisque les forces opposées croissent ou décroissent suivant des lois diverses. Un moment il paraît s'apercevoir qu'il faut enfin demander une décision à des considérations d'un ordre plus élevé; mais tout à coup la conviction ou le courage, ou plutôt l'un et l'autre viennent à lui manquer, et l'intérêt des cultivateurs de betteraves, soutenu comme de droit par les passions anti-coloniales des économistes, fait taire encore une fois les réclamations si justes et si pressantes de notre nationalité maritime.

Pousser plus loin nos éloges ou nos reproches serait, je pense, chose inutile. Quelques exemples de plus n'apporteraient pas de lumières nouvelles; chacun d'eux trouverait ses pareils et sa place parmi ceux que nous avons déjà réunis, et dès lors répèterait la même chose. On le voit clairement: tout le bien qu'a su faire le gouvernement de juillet se ressemble, est de même nature; il ne s'élève jamais au-dessus du côté matériel de la vie, et c'est toujours comme individus, jamais comme citoyens, que nous avons ressenti son heureuse influence. Tout le bien qu'il n'a pu faire ne se ressemble pas moins : il est pareillement d'une seule et même espèce, et juste l'opposé de celui qu'il a fait. Depuis quatorze ans aussi, toutes les fois que nous avons regretté son impuissance, c'était comme fils d'une même patrie dont nous sommes fiers, comme membres de cette grande famille dont l'union nous est chère, que nous avions souffert et qu'il a fallu nous plaindre.

Maintenant faut-il s'étonner que l'opinion publique s'affaiblisse de jour en jour ; que cette véritable force des gouvernements parlementaires n'existe bientôt plus en France ? Rien de grand, rien qui ne soit au-dessous d'elle, ne se fait sous ses yeux. Toutes les questions dignes de fixer ses regards, toutes celles qui ont le noble privilége de faire penser une nation, sont tantôt ajournées, tantôt abordées avec indécision, tantôt envisagées sous des faces mesquines, le plus souvent encore traînées en longueur pour gagner du temps. Aujourd'hui la plupart ont fini par disparaître entièrement, ou au moins ont perdu tout prestige entre des mains habilement indignes. Aussi, lassée d'attendre pour ne rien voir, l'opinion en vient à douter de sa mission, et, pour elle, douter c'est mourir.

Mais, qu'on y songe, elle ne mourrait pas seule.

C'est, on le voit, malgré le bien qui s'y trouve, un assez triste tableau que celui du passé de notre gouvernement de juillet. Mais s'il nous attriste, il nous avertit : car ainsi étudié dans l'ensemble de ses douze années, il défend toute espérance oisive; il ne nous permet pas de douter plus longtemps que, si la cause du mal n'est courageusement mise à nu, s'il n'y est apporté remède d'une main qui ne tremble pas, ce que nous avons vu nous continuerons de le voir; bien plus, que ce qui n'a fait encore que dépérir jusqu'ici ne tardera pas à périr tout à fait.

Un trop grand nombre d'esprits se contentent d'espérer en un changement de personnes. C'est mal comprendre notre époque, soit qu'on l'attende de la nature, soit qu'on le demande à un effort parlementaire ; car là où il existe des constitutions, les hommes n'ont jamais qu'une responsabilité de second ordre.

Je veux bien que nos gouvernants soient soumis à de paralysantes influences ; je sais qu'ils sont constamment sous l'action d'une peur rétrograde qui s'obstine à survivre au danger, et que cet éternel besoin de regarder derrière eux si les partis, c'est-à-dire les morts, ne ressuscitent pas pour les poursuivre, ne leur permet guère de porter sur l'avenir un regard intelligent et ferme. Je veux bien encore que ces influences soient pour ainsi dire viagères, c'est-à-dire qu'elles tiennent en grande partie au caractère de ceux qui les subissent, et que dès lors on puisse espérer les voir disparaître avec eux. . . . . . . Mais alors pourquoi nos chambres ne les forcent-elles pas à se retirer ? S'ils restent à leurs places, c'est qu'elles pensent comme eux, ou ne pensent pas du tout. Je le répète, les hommes ne sauraient être responsables qu'en seconde main en tout pays à constitution. C'est sur la constitution que porte la première, la plus grave des responsabilités ; car c'est elle qui doit rendre compte du temps que le pouvoir reste entre des mains indignes.

Abordons donc franchement la question ; plaçons-la sur son véritable terrain. Ce qu'on est fondé à reprocher à notre gouvernement, nous le savons, c'est de n'oser aborder les grands intérêts du pays ; c'est de ne montrer qu'hésitation, absence de conviction, manque de volonté toutes les fois que la nécessité, plus forte que sa peur, le contraint d'y porter la main ; de vivre alors au jour le jour, sacrifiant tout aux exigences du moment, uniquement préoccupé d'arriver au lendemain ; c'est enfin de n'envisager toujours que ce petit côté des choses qu'on nomme l'actualité, et dès lors de n'avoir jamais su se placer, ou du moins se maintenir à la hauteur du point de vue national, s'y créer ce véritable esprit de suite, sans lequel un grand peuple ne fait plus que déchoir. Eh bien ! ce gouvernement est composé d'une royauté, d'une chambre des pairs et d'une chambre des députés. C'est nécessairement dans l'état actuel de l'un ou l'autre de ces trois éléments que se cache la cause du mal ; c'est aussi dans l'une ou l'autre des réformes qu'ils comportent qu'on doit chercher le remède. S'il n'y était pas, c'est qu'il ne serait nulle part ; c'est que la France serait impropre à se constituer en État libre, c'est-à-dire à s'organiser en un corps qui pense. Interrogeons donc successivement leurs diverses natures ; demandons à chacun d'eux en quoi, et grâce à quelles modifications il peut contribuer à relever les forces du gouvernement à l'égal de ses devoirs, à le rendre aussi capable de préparer l'avenir que d'assurer le présent, à lui donner enfin cet esprit de suite qui lui a manqué jusqu'ici.

Cet examen fera ressortir avec netteté, je pense, quel est aujourd'hui l'ordre nécessaire, d'après lequel l'esprit réformateur doit procéder par rapport aux institutions politiques, sous peine de se consumer en efforts inutiles.

PREMIÈRE PARTIE.

DU PRINCIPE DYNASTIQUE.

CHAPITRE Ier.

EXISTENCE D'UN NOUVEL ULTRA-ROYALISME.

Depuis la chute de l'empire, deux forces politiques se disputent le pouvoir en France : savoir, le principe parlementaire et le principe monarchique. Le premier obtint une victoire complète en 1830, et l'opinion générale, il ne faut pas l'oublier, y applaudit avec le plus confiant enthousiasme. Mais bientôt on commença à s'apercevoir que le vainqueur était embarrassé de sa victoire, qu'en définitive il ne savait que faire de la toute-puissance, et des symptômes de réaction en faveur du vaincu ne tardèrent pas à devenir visibles, malgré leurs craintes de paraître trop tôt.

Au reste, quelques esprits, s'effrayant sans doute à l'idée de rompre avec toutes les traditions de notre passé si clairement monarchique, n'avaient jamais cessé de regretter, mais en silence, que la couronne n'eût pas conservé une plus large place en nos institutions. Depuis que l'expérience du présent semble jusques à un certain point donner raison à leurs préventions historiques, ces regrets, s'enhardissant peu à peu, sont devenus de l'espérance, et cette espérance est maintenant le centre et la vie d'un parti qui se grossit chaque jour de nouveaux prosélytes. Mesurer son étendue par le bruit qu'il fait serait gravement se tromper ; car il se caractérise par une discrétion profonde. Il est né dans le silence, il croit devoir y rester pour grandir, et quand il parlera, peut-être serait-il trop tard pour ne lui opposer que des raisons.

Aujourd'hui qu'il en est temps encore, examinons avec nos nouveaux royalistes si leur foi politique ne s'appuierait pas sur une double erreur : Examinons

D'abord s'il est permis de conclure de la royauté ancienne à la royauté moderne; si cette institution, qui a conservé son nom, n'est pas condamnée à changer de nature, et si dès lors il n'est pas défendu de mesurer notre espoir en la seconde sur notre admiration pour la première ;

Ensuite si ce n'est pas se hâter un peu trop que de se contenter de l'expérience de juillet pour juger de l'avenir du pouvoir parlementaire, d'y trouver une preuve suffisante qu'il n'a droit qu'à une place de second ordre en tout gouvernement constitutionnel bien organisé.

CHAPITRE II.

HAUTE INFLUENCE DE LA ROYAUTÉ SUR LA CIVILISATION MODERNE.

Dans l'ordre politique, c'est le principe monarchique qui a présidé au si long développement de notre société actuelle, de cette civilisation dont le monde romain ne devait rester qu'une ébauche. Car il faut en convenir avec nos nouveaux-royalistes, cet honneur là ne saurait le lui être contesté. Sans doute le moyen âge nous offre un grand nombre de gouvernements de l'espèce parlementaire; mais ces derniers, en face des États héréditaires, n'ont jamais su sortir du rôle de subalternes. Que vous suiviez l'esprit humain dans ses progrès purement intellectuels ou que vous ne l'envisagiez que du point de vue moins général des intérêts politiques, la même infériorité subsiste toujours.

C'est au pays où la royauté brille du plus vif éclat que l'Europe emprunte une capitale pour les connaissances humaines : Rome envoie ses enfants étudier à Paris jusqu'aux sciences théologiques. Depuis l'antiquité, les formes républicaines n'ont à coup sûr exercé nulle part autant d'influence qu'en Italie, et pourtant son titre le plus glorieux dans l'histoire moderne, le beau nom de pays de la renaissance, l'Italie le doit en grande partie à ses duchés héréditaires, dont les cours, mieux que les républiques, servirent de centre à ce retour de l'esprit humain vers les jouissances de l'art.

Politiquement parlant, l'impuissance des gouvernements parlementaires, tels que les conçut le moyen âge, est plus évidente encore. La principale plaie de la société à cette époque, c'était le morcellement indéfini du territoire politique ; c'était une certaine tendance de l'Europe à se diviser en une foule de petites principautés indépendantes les unes des autres, ou s'efforçant de l'être, et toutes trop étroites pour que la civilisation pût y grandir à son aise. Eh bien! cette tendance funeste, aucun d'eux ne s'est montré de force à la combattre. L'honneur de la vaincre, la tâche si difficile de tracer de vastes royaumes sur la carte européenne, était pareillement réservée au principe monarchique, dont les maisons de France et d'Autriche finirent par devenir la double et principale personnification. Pour bien comprendre tout ce que la civilisation lui doit de reconnaissance, il suffit de voir comme de nos jours la centralisation et le progrès des sciences sont enchaînés l'un à l'autre par la double relation de cause et d'effet.

Enfin, quand l'Europe fut devenue digne de commander au reste du monde, ce fut encore une royauté qui lui en ouvrit pour ainsi dire les portes, en lui montrant que la mer devait être le centre de sa puissanee nouvelle. Je ne connais rien de plus beau dans l'histoire que l'esprit de suite avec lequel quatre rois de Portugal poursuivent l'aperçu de génie d'un prince de leur maison, s'attachent à l'idée de la supériorité des relations maritimes sur les communications par terre; cette grande idée qui pendant près d'un siècle ne devait produire que de petites choses (1).

(1) Ce fut vers 1410 que le troisième fils de Jean Ier, le prince Henri, conçut le grand projet de doubler l'Afrique, afin d'établir des communications exclusivement maritimes entre les Indes et l'Europe; et ce ne fut qu'en 1498 que Vasco de Gama, pénétrant dans l'océan Indien, parvint jusqu'aux côtes de Malabar.

Pendant les quatre-vingt-huit ans qui séparent ces deux époques, on peut dire que tous les efforts de la cour de Lisbonne restèrent sans récompense: car, jusqu'en 1498, ils n'avaient encore abouti qu'à découvrir, sur les côtes occidentales d'Afrique, de misérables peuplades de nègres, avec lesquelles on ne pouvait lier que d'insignifiantes relations. Mais le prince Henri avait su donner une base durable au progrès de la marine de son pays; il avait fondé des écoles de navigation, des écoles de mathématiques, des écoles d'astronomie. Aussi ses espérances non-seulement lui survécurent, mais survécurent encore à près d'un siècle d'essais impuissants; ses vues personnelles étaient devenues une véritable tendance nationale. C'est à coup sûr un des hommes qui aient le plus contribué à la grandeur du XVe siècle; car c'est lui qui, le premier, conçut tous les avantages de la navigation au long cours.

Ainsi, jusqu'au dix-septième siècle, qui vit se lever la haute puissance maritime des provinces unies, et qui surtout vit, avant de finir, l'antique ténacité romaine ressusciter à Londres dans la constitution anglaise, tout ce qui s'était fait de plus grand en Europe, s'était fait sous l'influence tutélaire de la royauté; et jusqu'à un certain point ne pouvait-on pas dire que l'œuvre était achevée, ou que du moins elle touchait à sa fin? Déjà la plupart de nos langues vivantes avaient produit ou produisaient leurs chefs-d'œuvre.

C'est sans doute un magnifique spectacle que ce règne si long, cette influence si féconde du principe monarchique. Un pareil passé a incontestablement droit à fixer les regards de quiconque se propose de les reporter sur l'avenir. Mais il faut se défier de la grandeur même; car trop d'éclat éblouit, empêche de voir jusqu'au fond des choses, et finit le plus souvent par égarer à la suite d'apparences trompeuses, d'analogies illusoires.

Essayons donc d'habituer nos yeux à une lumière si vive.

CHAPITRE III.

INSUFFISANCE DE L'HÉRÉDITÉ ET DE LA TOUTE-PUISSANCE DU CHEF A EXPLIQUER UNE SI HAUTE INFLUENCE.

Quand nous entendons prononcer le mot de monarchie, l'habitude ne réunit pas dans notre esprit d'autres idées que celles de l'hérédité du pouvoir et de la toute-puissance d'un seul. Ne serait-ce pas s'arrêter un peu trop à la superficie des choses que de se contenter de leur combinaison pour expliquer la haute fortune des royautés d'Europe ? La civilisation en cette partie du monde s'est constamment avancée vers un même but ; la vitesse de sa marche seule a varié, la direction jamais. Dans l'ordre politique, c'est, comme nous l'avons vu, la royauté qui a eu la plus grande part d'influence sur ce développement continu qui dure depuis plus de huit cents ans. Serait-il permis de ne demander la raison d'un esprit de conduite si extraordinaire qu'à la double condition de l'hérédité du chef de l'État et de sa toute-puissance? C'est ce que, pour mon compte, je ne saurais penser.

De ces deux prétendues causes de fixité politique, pourquoi ne pas le dire, l'une me paraît tout simplement être une source de désordre et de variation. En effet, je ne puis concevoir que le pouvoir absolu du maître, c'est-à-dire la faculté pour lui d'aller à droite, d'aller à gauche, ou même de ne pas aller du tout, soit jamais une garantie qu'il marchera constamment dans la même voie, l'eût-il choisie de son plein gré? Que sera-ce si c'est la tradition qui la lui a désignée? C'est évidemment tout livrer aux bizarreries, aux hasards de l'individualité. Quant au principe de la transmission héréditaire de l'autorité, c'est différent. Il est, en de certaines limites, une source d'esprit de suite pour un gouvernement. La tendance physiologique du fils à ressembler à son père, l'influence bien plus grande et surtout bien plus constante du père sur le fils par l'éducation, sont deux forces qu'il n'est pas permis de nier et dont il faut savoir tenir compte. Mais, si rien ne vient leur prêter appui, que leur réunion reste faible, quand il s'agit de résister à tant de causes d'instabilité qui assiégent le pouvoir : aux flatteries des uns, aux mensonges des autres, à l'entraînement du succès, au découragement d'un revers passager......... aux caprices enfin, ces enfants si nombreux de la toute-puissance!

D'un autre côté, remarquons que l'idée même de la toute-puissance d'un seul homme exclut celle de fixité dans la durée; qu'un tel pouvoir ne peut jamais être qu'un fait qui se prolongera plus ou moins suivant les circonstances, mais toujours à l'état de fait, et qui ne saurait se changer en principe.

En effet, si cette puissance est réellement illimitée, rien d'indépendant ne peut exister autour d'elle, rien qui tire sa raison d'être de l'organisation actuelle de la société et non de la volonté toujours mobile d'un maître; par conséquent rien qui soit fixe, qui vive de sa propre vie, qui trouve dans sa nature les éléments d'une force qui lui appartienne. Car une pareille existence serait évidemment une limite pour elle. Mais aussi rien ne la soutient, rien ne lui aide à se tenir debout : rien ne sera là pour l'empêcher de tomber, si quelque accident l'ébranle. C'est une des nécessités d'un semblable pouvoir que d'être seul : dès lors il ne peut s'appuyer que sur lui-même; et l'individualisme est à coup sûr une base trop étroite pour qu'une aussi grande chose que le pouvoir y puisse trouver les conditions d'un équilibre vraiment stable.

Enfin, que peut être l'hérédité, là où il n'existe pas d'autre puissance que celle de l'homme qui vient de mourir? Sans doute le fils succèdera souvent au père; mais ce sera grâce à cette inertie des sociétés humaines qui tendent à rester là où elles sont, par cela seul qu'elles y sont. Une intrigue de palais, la révolte d'un chef de troupe, le moindre accident pourra lui enlever l'empire et la vie : il n'y avait rien qui pût l'empêcher de monter sur le trône; il ne saurait y avoir rien qui empêche qu'on ne l'assassine. Pour que l'hérédité devienne autre chose qu'un fait qui se renouvelle plus ou moins souvent, mais toujours accidentel ; pour qu'elle puisse se transformer en un véritable principe, n'est-il pas clair qu'il faut qu'il y ait autour du trône des forces d'une autre nature que l'autorité royale, dont l'existence ne soit point liée à la sienne et qui restent là pour crier : le roi est mort ; vive le roi (1) !

Plus j'y réfléchis, plus il me semble que la

(1) Il est à remarquer que les rois de la seconde race jugeaient prudent de s'associer leur successeur : ils voulaient qu'à leur mort il fût déjà roi. La féodalité n'étant pas encore constituée en puissance indépendante de la royauté, peut-être avaient-ils raison de craindre que l'hérédité ne fût pas encore devenue autre chose qu'un fait.

double condition de l'hérédité et de la toute-puissance pour le chef de l'État ne saurait faire comprendre ce long patronage de la royauté sur le développement de notre civilisation ; nous l'avons vu, l'hérédité et la toute-puissance ne suffisent pas même à s'expliquer toutes seules. Au surplus, qu'on jette un coup d'œil sur l'Asie: la société n'y vit que par des catastrophes politiques sans raison dans le passé, sans conséquence pour l'avenir ; l'esprit humain y est immobile presqu'à l'égal de l'instinct des animaux. Pourtant tous les gouvernements s'y appuyent sur l'hérédité et la toute-puissance du chef. Comment les deux mêmes causes auraient-elles pu produire là l'éternel sommeil de l'Orient, ici la continuelle et progressive activité de l'Europe ! il faut évidemment chercher l'explication ailleurs.

Du trône, descendons à ce qui l'entoure.

CHAPITRE IV.

DE L'UNE DES PRINCIPALES CAUSES DE CETTE INFLUENCE, OU DE L'ESPRIT DE COUR.

Pour peu que l'on porte un regard attentif sur les cours européennes, si l'on cherche à se rendre compte de cette activité politique qui y règne en plein jour, qui s'affiche plutôt qu'elle ne se cache ; si on remarque enfin tout ce qu'il y a de liberté dans les paroles, et quelquefois d'indépendance dans les actions, on reconnaît bientôt que les bases du pouvoir s'étendent beaucoup plus loin que les marches du trône ; que la toute-puissance des rois n'est qu'un mot dans notre histoire, mot qu'il est malheureux qu'elle ait emprunté au langage des flatteurs.

En effet, tous les rois d'Europe ont subi l'influence d'une force collective plus puissante que leur volonté individuelle, d'une force qui agissait sur eux à chaque instant de leur vie, qui les prenait au berceau et ne les quittait qu'à la mort, et cette force, ce fut l'esprit de cour. Pour chacun d'eux, il avait été, pour ainsi dire, l'instituteur de son intelligence qui avait fini par s'imprégner de ses idées comme on s'imprègne de l'air qu'on respire tous les jours; plus tard, quand venait la partie pratique de la vie, si le naturel voulait se révolter contre l'éducation, ce même esprit de cour l'environnait de tant de résistances, le retenait par tant de liens, que les tendances individuelles des rois se consumaient en efforts à peu près inutiles.

Si le roi était jeune encore, la plupart de ceux qui composaient sa cour l'avaient vu naître et grandir, l'avaient vu venir prendre possession du palais : ils l'avaient reçu chez lui, ils lui avaient pour ainsi dire fait les honneurs de sa maison; et je ne sais quoi leur disait qu'ils avaient agi comme si c'était la leur, et qu'au fond le roi était plutôt leur hôte qu'ils n'étaient le sien. Si sa mort paraissait prochaine, ils sentaient que leur fortune ne mourrait point avec lui ; qu'ils continueraient d'être ce qu'ils étaient avant, et qu'ils feraient au nouveau-venu les honneurs de ce même palais, comme ils les avaient faits à celui qui s'en allait. En un mot, tous savaient qu'ils étaient là comme y avaient été leurs pères, comme y seraient leurs enfants ; qu'ils y étaient non par un caprice du maître, mais parce que c'était leur droit; qu'exilés, leur place y resterait vide et que chacun la regarderait en passant. N'est-ce pas dire que leurs idées avaient le droit d'y rester avec eux, de s'y montrer sans crainte, de n'y céder le pas à personne?

Le roi se trouvait seul, isolé au milieu de sa cour ; car sa position exceptionnelle était cause que tous les membres de sa famille, jusqu'à ses frères, se déclaraient presque toujours contre lui, et prenaient parti pour elle. Mais il n'est point dans la nature des choses qu'un homme résiste longtemps aux influences du milieu dans lequel il est forcé de vivre; que son individualité ne finisse pas par plier sous cette pression des idées des autres, qui pèse sur elle de tous les côtés comme à tous les instants. Il faut qu'il soit entraîné tôt ou tard par le mouvement général de la foule qui l'enveloppe. Que quelques hommes de génie fassent ou non exception à cette règle commune, c'est ce qui importe peu du point de vue où nous sommes placés, et nous pouvons hardiment dire qu'il suffisait que la composition du personnel de la cour fût indépendante de la volonté du roi, pour que le roi se trouvât par là même nécessairement placé sous l'action directrice de l'esprit de cour. Mais à cet égard l'histoire ne laisse aucun doute: il n'est pas un seul roi d'Europe qui ait eu assez de pouvoir, ou mieux, l'espèce de pouvoir convenable pour changer l'entourage de son trône.

Plusieurs causes contribuèrent à cette remarquable indépendance des cours vis-à-vis de l'autorité personnelle des têtes couronnées ; mais je pense que l'on doit placer en première ligne le développement tout spécial que les idées de famille et de propriété foncière ont pris, comme on le sait, dans l'Europe chrétienne.

Sans doute le grand nombre d'évêques qui entouraient la royauté au commencement du moyen âge l'avaient habituée à vivre au milieu d'hommes revêtus d'une autorité qui non-seulement ne relevait pas de la sienne, mais encore était d'une tout autre nature; et le fait même de leur présence n'avait pu manquer de conduire insensiblement les rois à dépendre plus ou moins de l'opinion d'autrui. Mais peu à peu le nombre et l'influence du haut clergé diminue dans les cours, et l'on ne s'aperçoit point que l'existence de ces dernières cesse pour cela d'être à l'abri des caprices du maître. Je sais qu'à la place de l'autorité essentiellement spirituelle et morale des évêques vous ne tardez pas à retrouver le pouvoir de la féodalité. Mais la féodalité eût-elle pu s'organiser sans l'appui des idées de famille et de propriété foncière? n'est-elle pas elle-même, jusqu'à un certain point, l'exagération dans un sens politique de ces deux institutions civiles? Enfin ce règne matériel de l'aristocratie a disparu et n'a emporté avec lui que l'indépendance des actions, et encore pas tout entière; celle de l'esprit, de l'opinion lui a survécu. Grâce à elle, autre chose que le despotisme oriental a succédé au morcellement féodal de l'Europe.

C'est ici surtout que l'on ne saurait méconnaître la double influence de la famille et de la propriété, ces deux puissances que l'on ne peut séparer sans énerver l'une et l'autre. En effet, ce n'est qu'à leur réunion que chaque membre de la cour doit d'avoir derrière lui une force réelle pour le soutenir, des intérêts communs pour lui prêter appui, un asile respecté pour y attendre des jours meilleurs, en tout cas un successeur naturel tout prêt à le remplacer et peut-être à le venger; d'être autre chose enfin qu'un individu isolé, honoré d'un instant de faveur, mais dont il suffit de se débarrasser pour qu'il n'en soit plus question.

Écoutez l'histoire de nos trois cents dernières années. A chaque instant vous l'entendez répéter: maison de Lorraine, maison de Rohan, maison de Montmorency, etc., toujours le mot maison. N'est-ce pas dire que la puissance de la famille est constamment en jeu, qu'elle joue un des premiers rôles dans l'Europe monarchique? Remarquez maintenant avec quelle solennité se prononce cette expression si simple: exilé dans ses terres? Ne semble-t-elle pas nous dire : ce disgracié n'est point un fugitif, emportant avec lui, comme s'il les volait, ses bijoux et son or, et cachant, on ne sait où, son impuissance, sa honte et sa vie. Loin de là, il est retiré en ses terres; il est à la seule place qui lui convienne, là où tout le monde sait qu'il doit être; il y attend avec calme le jugement de l'opinion, qui ne l'oubliera pas si elle vient à avoir besoin de lui : car elle sait où elle le trouvera toujours.

Reportons un instant nos regards sur l'Asie : elle semble placée à côté de l'Europe, pour l'éclairer de la lumière du contraste. Là, point de propriété foncière, cette institution si respectée chez nous, et qui moralise l'homme en l'exposant continuellement aux regards des autres ; point de famille non plus ; car on ne peut conserver ce nom à ce monstrueux assemblage d'un seul homme, de plusieurs femmes, les unes légitimes, les autres concubines, d'un nombre presque illimité d'enfants, à cet assemblage enfin où la pluralité et l'inégalité des mères est à coup sûr plus puissante à semer la discorde et la haine que l'unité du père à faire germer l'amour, à maintenir la paix. Eh bien aussi, point d'indépendance, que dis-je, pas même de garantie pour ceux qui s'approchent du trône contre les caprices de celui qui y est assis. Suivant les fantaisies du maître, les favoris paraissent ou disparaissent, sans qu'on se demande d'où ils viennent, sans qu'on s'inquiète de savoir où ils vont. Ils n'ont pour se maintenir que de basses intrigues, que de viles complaisances. La volonté d'un seul homme est toute la loi, ses passions du moment y sont la raison de tout. Il est vrai que les courtisans ont, pour prévenir leur ruine, des révolutions de palais et des assassinats. Car, ainsi que nous l'avons établi, là où le pouvoir est sans limite, rien ne saurait garantir sa durée. Il vit au jour le jour; pour lui, le passé est sans conseil, l'avenir sans droit, le progrès impossible : en un mot, tout est abandonné aux incertitudes de l'individualisme, c'est-à-dire au hasard. Mais si rien de fixe en politique ne peut s'établir chez les peuples orientaux, les idées religieuses y sont nécessairement sans contrepoids. Est-il donc étonnant qu'elles aient attaché l'esprit humain à cette immobilité qui leur est si naturelle.

Nous n'avons, en général, ni pour la propriété foncière ni pour la famille, toute la reconnaissance que ces deux institutions méritent ; nous ne nous rendons point compte en quelles proportions l'une et l'autre grandissent à la fois nos devoirs et nos ressources. C'est pourtant la propriété foncière qui, en fixant notre existence à un point déterminé de la surface du sol, nous impose la noble obligation de cesser de vivre au jour le jour, l'obligation de regarder notre vie comme un tout dont chaque partie est responsable vis-à-vis des autres ; car c'est elle qui nous rend justiciables de l'opinion publique, en nous forçant de rester sous ses yeux. En revanche, il est vrai, elle nous donne cette dernière puissance pour appui, toutes les fois que notre cause est juste. Pareillement, la famille ne nous permet pas de borner notre pensée aux seules exigences de notre vie individuelle; elle développe en nous ce généreux besoin de nous préoccuper des autres. Mais, en revanche aussi, elle a créé autour de nous une foule de forces qui se tiennent continuellement prêtes à nous défendre; et, grâce à elle, toujours soutenant ou soutenu, l'homme échappe à la faiblesse comme aux vices de l'individualisme.

Qu'on me pardonne cette digression : il

n'est pas sans un haut intérêt d'actualité de rapprocher l'une de l'autre les destinées de deux civilisations, où les idées de famille et de propriété foncière ont joué des rôles si divers. Notre époque est trop souvent ingrate envers ce qui est la cause de sa grandeur.

Quelles qu'aient été, après tout, les diverses causes de l'indépendance des cours par rapport aux rois d'Europe; que nous ayons ou non exagéré celles que nous avons indiquées, le fait n'en subsiste pas moins. Puisqu'aucun d'eux n'a eu le pouvoir, et n'a même jamais essayé, tant l'impuissance était évidente, de révolutionner le personnel de la sienne ; et comme nous avons établi que, forcés d'accepter les personnes, ils étaient condamnés par contre-coup à subir les idées, il faut reconnaître que les cours européennes ont été, jusqu'à nos révolutions modernes, de véritables institutions. Sans doute, elles n'ont point porté ce titre politique; mais elles n'en ont pas moins exercé le pouvoir qu'il désigne.

Ce n'est qu'à leur influence protectrice que l'élément dynastique a du d'être autre chose qu'un fait plus ou moins durable, mais toujours accidentel ; de s'élever enfin jusqu'à la hauteur d'un principe. Il me semble que l'histoire a mal jugé dans son importance, et surtout mal saisi dans son ensemble l'espèce d'action que l'entourage de nos rois exerçait sur la direction des affaires de l'État. Pour la plupart des esprits, la royauté a passé pour l'institution tout entière, tandis qu'elle n'en était qu'une partie, le complément, pour ainsi dire la tête ; je me trompe, il vaut mieux dire le bras. Car, sauf quelques règnes hors de ligne, la pensée résidait principalement dans la cour ; la vraie part du roi, c'était l'exécution. Quant à sa faculté d'initiative, elle était souvent plus apparente que réelle, et, en tous cas, restait presque toujours sans effet durable, dès qu'elle avait à lutter contre l'opinion arrêtée des grands.

Quand on réunit ainsi le trône et ce qui l'environne pour en faire un seul tout ; quand on s'est bien convaincu que c'est dans la constitution même des cours qu'il faut aller chercher le principe, l'âme en quelque sorte des monarchies de la vieille Europe, l'esprit de suite si remarquable de leur politique, leur action si prolongée sur les progrès de la civilisation n'a dès lors plus rien qui doive nous étonner. En effet, ces cours étaient parfaitement disposées pour recevoir les traditions, les conserver intactes, et toutefois leur permettre de grandir ; pour faire que le présent fût toujours la suite du passé, et que pourtant il finît par être le commencement de quelque chose.

En se recrutant héréditairement, elles faisaient largement sans doute la part des idées anciennes ; mais, par de nombreuses exceptions à cette règle heureusement mal définie, elles en réservaient cependant une pour les idées nouvelles, que des hommes nouveaux venaient représenter dans leur sein. Enfin ce qui les rendait remarquablement propres à s'associer au développement de l'esprit humain, tant qu'il ne devait marcher qu'avec lenteur et se préparer à une action plus décisive, c'est que la nature seule était chargée de présider à leur renouvellement, et, comme tout ce qu'elle fait, elle ne les renouvelait que partiellement, sans secousses, tout à fait insensiblement; c'est-à-dire, de la même manière que les sociétés humaines se modifient, se transforment et grandissent sous l'invisible action du temps. Certes, cette analogie est un puissant élément de force et de durée, tant que l'époque où l'on vit n'a pas le front marqué du sceau fatal des révolutions.

Tous les corps politiques qui se renouvellent par totalité ou par de fortes fractions d'eux-mêmes, telles que moitié, tiers ou quart, accordent nécessairement trop aux passions passagères du moment, pour qu'il n'y ait pas dans leur nature quelque chose de révolutionnaire, c'est-à-dire d'anarchique dans ces temps qui ne sont pas destinés d'avance à voir la société changer de face. Dès lors ils ne peuvent convenir aux époques ordinaires qu'à la condition de trouver un contre-poids dans une de ces institutions qui paraissent immobiles, parce qu'elles ne se modifient qu'insensiblement. Car c'est à celles de cette dernière espèce qu'appartient le privilége de présider à tout long développement.

CHAPITRE V.

IMPOSSIBILITÉ PRÉSENTE ET FUTURE DU RÉTABLISSEMENT DE L'ESPRIT DE COUR.

Lorsqu'on se place au point de vue historique que nous venons d'indiquer, quand on a bien reconnu que ce n'est qu'à l'esprit de cour que nos vieilles monarchies ont dû leur durée et surtout la fixité de leur politique ; que chercher à s'expliquer leur rôle dans le monde sans tenir compte de cette influence si active, si permanente, qu'on ne découvre, il est vrai, qu'en creusant au-dessous d'une première apparence, c'est vouloir étudier la vie d'un arbre en ne regardant que ce qui s'élève au-dessus du sol; quand on a, dis-je, bien reconnu qu'en Europe il n'est pas permis de parler du trône sans songer à ce qui l'entoure, on se sent embarrassé pour se faire une idée quelque peu précise des projets ou même des espérances du parti des nouveaux ultra-royalistes.

On veut, dira-t-on, donner plus de prépondérance à l'élément dynastique dans ses rapports avec le pouvoir parlementaire; mais c'est ou se payer d'un mot sous lequel, nous l'avons vu, l'histoire ne permet pas de chercher une force réelle, ou dire que l'on veut réunir autour de la royauté une espèce de cour dont la puissance serve de barrière aux empiètements des chambres, dont l'entente des affaires serve de contrepoids aux tergiversations de nos assemblées délibérantes. Il n'est guère permis de croire que les espérances de tant d'hommes sérieux soient nées de l'illusion d'un mot; et, quand même il serait vrai qu'elles ne se seraient encore réu nies qu'autour d'une aussi superficielle interprétation du passé, la force des choses ne tarderait pas à les ramener au seul côté réel du parti. C'est donc du rétablissement de l'esprit de cour qu'il s'agit ici d'examiner la convenance.

La tendance de nos révolutions modernes est de substituer à l'influence toujours occulte des cours l'action plus clairement précisée des assemblées parlementaires. Tel a été le résultat de celles qui se sont faites; tel paraît être le but de celles qui se font; tel sera sans doute aussi la destinée de celles qui se préparent.

Il y a bien des siècles déjà que les premiers germes de cette transformation ont été déposés dans le sein des sociétés européennes; car l'idée d'un gouvernement représentatif remonte même au delà du moyen âge; et c'est à l'Église qu'appartient l'honneur d'avoir été la première à la concevoir avec netteté. L'antiquité n'avait appliqué le principe des assemblées délibérantes qu'à des États assez petits pour que les membres de ces assemblées pussent remplir leurs fonctions sans sortir de chez eux : Rome païenne ne crut point devoir faire sortir l'institution du tribunat de l'enceinte de ses murs. En voulant assigner aux conciles des époques fixes de retour, Rome chrétienne montra qu'elle ne reculait point devant l'idée d'appliquer les formes représentatives au vaste territoire de l'empire romain. Qui pourrait songer sans une sorte de stupeur à ce que fût devenu le monde, s'il lui eût fallu subir le joug d'une papauté constitutionnelle (1). Mais cette hardie conception ne devait point avoir sa récompense.

Pour obtenir que la majorité des évêques répondît périodiquement à l'appel des papes,

(1) Le protestantisme n'eût pas eu plus de trente ans pour prende racine en Europe, avant d'avoir été condamné par un concile écuménique; et Luther ne fût pas mort sans avoir connu cette décision suprême. Car ce fut entre l'an 1516 et l'an 1520 que ce fameux sectaire publia ses premières doctrines hérétiques. Il mourut en 1546, et ce ne fut qu'en 1563 que finit le concile de Trente.

Qui peut calculer quelles furent les conséquences d'un semblable retard ?

même par procuration, il fallait vaincre les préoccupations personnelles d'un grand nombre d'entre eux, devenus ou devenant seigneurs temporels, pour d'autres la résistance de leurs princes que ces déplacements inquiétaient avec raison, pour tous la difficulté des communications, que l'état impraticable des routes et leur peu de sûreté rendaient aussi dispendieuses que pleines de dangers ; il fallait, en un mot, vaincre une foule d'obstacles dont la plupart étaient d'une nature trop terrestre, trop matérielle, pour qu'il fût dans l'ordre des choses qu'un pouvoir exclusivement spirituel parvînt à les surmonter. Aussi l'Église ne put-elle arriver à son but ; et la longueur de ses efforts ne servit qu'à montrer qu'elle sentait de quel prix il eût été pour elle de l'atteindre. En revanche, elle avait donné un grand exemple à l'Europe politique, qui n'a pas manqué d'en profiter.

Sans suivre jusqu'à nos jours les formes diverses sous lesquelles cette dernière s'est efforcée de s'approprier et de réaliser cette grande pensée de l'Église, ce qui me suffit, c'est de rappeler qu'elle n'a jamais abandonné son œuvre; que pendant plus de dix siècles elle est constamment retournée à des essais tant de fois impuissants; enfin qu'elle ne s'est point découragée, bien que son premier succès ne dût arriver qu'à la fin du XVIIe siècle, et qu'il lui ait fallu attendre encore plus de cent ans pour qu'il fût suivi d'un second. Ce long enfantement des royautés parlementaires est à coup sûr une des meilleures preuves qu'on puisse donner de leur durée future. En effet, comment refuser de croire à l'avenir d'une transformation si lentement accomplie? Il faudrait donc soutenir que les sociétés humaines se développent au hasard..... Une révolution, qui a mis tant de temps à se préparer, qui a espéré pendant plus de mille ans, ne peut-elle pas à son tour réclamer le caractère sacré du droit acquis? elle aussi, n'a-t-elle pas à sa manière le prestige de l'âge?

D'un autre côté, plus on considère attentivement notre époque, plus on reconnaît que l'heure a définitivement sonné pour cette espèce de gouvernement.

Dans les petits États, nous sommes naturellement portés à penser aux affaires publiques : on est trop près du lieu où elles se traitent, pour ne pas s'en préoccuper. De nos jours, l'excessive rapidité des communications tend à faire participer les grands à ce privilége des petits.

Il y a dans notre civilisation, fille des sciences, une pente indéfinie vers la centralisation. Car les progrès de la centralisation naissent de ceux des sciences que la centralisation développe de son côté, de manière que chaque effet devient cause à son tour, et ainsi de suite. Il est donc nécessaire de s'accommoder de ses tendances. Eh bien! politiquement parlant, ce qui surtout la caractérise, c'est qu'elle conduit les hommes à envisager le côté général des choses, ou, en d'autres termes, qu'elle fait naître en eux le besoin de la vie politique.

Dans quelques années, grâce aux chemins de fer, les journaux feront ressentir une même émotion aux diverses parties du plus vaste royaume presqu'au même instant. Cette instantanéité d'action ne donnera-t-elle pas à la publicité je ne sais quoi de la puissance électrique, à laquelle rien ne résiste? A une telle vitesse dans la circulation des idées et des hommes, joignez la diffusion d'une même espèce de lumières que le mélange des classes opère là où l'éducation s'y refuse, et il me semble que tout aujourd'hui concourt à développer dans les divers éléments d'une nation entière la faculté de sentir en commun, et par suite le besoin de penser de même. Comment alors refuser un organe à un besoin si vivement, si universellement senti?

A moins qu'un culte exagéré du bien-être matériel ne tienne les masses constamment asservies aux préoccupations toutes personnelles de l'égoïsme (1), il est désormais impossible de limi-

(1) Accorder le premier rang à la recherche du bien-être matériel, c'est dissoudre un peuple jusqu'à l'individualisme; car on ne boit que pour soi, on ne mange que pour soi, on ne se vêtit que pour soi, etc. Certes, il n'y eut jamais d'application si complète de la fameuse maxime,

ter à l'entourage du trône le droit de se mêler des questions politiques.

Songeons enfin qu'il faudrait bien se garder de le faire, quand même on le pourrait. Nous n'avons plus ces classifications aristocratiques, qui établissaient des divisions sans doute fâcheuses, mais qui, en revanche, nous réunissaient autour d'un petit nombre de sentiments communs et ne laissaient dans la société aucune place pour l'individualisme, utilisant à ce point de vue jusqu'à la jalousie et la haine. Aussi maintenant entre l'individualisme, des dégradations de l'homme la pire de toutes, et la vie politique du peuple, il ne peut plus y avoir de milieu. A elle seule cette considération ne suffirait-elle pas pour que les formes représentatives fussent déclarées une des nécessités de la civilisation moderne?

Il est vrai qu'aujourd'hui peu de personnes persistent à nier que les révolutions de cette époque

diviser pour régner; cette maxime de bas étage, que Richelieu et Louis XIV n'appliquaient qu'à l'étranger.

n'aient leur raison d'être dans l'état actuel de nos sociétés ; mais il en est bon nombre, et ce nombre s'accroît depuis quelque temps, qui pensent qu'elles ont été trop loin, en ce sens qu'au lieu de substituer l'action du pouvoir parlementaire aux influences qui servaient autrefois de base à la monarchie, elles auraient dû se borner à les y associer, à ajouter ainsi une force nouvelle sans détruire l'ancienne. J'avoue que notre révolution, comme toutes ses sœurs, n'a point toujours eu l'intelligence assez nette ni les mouvements assez souples pour qu'il ne lui soit pas souvent arrivé de dépasser le but, pour qu'elle n'ait pas laissé à ses héritiers le devoir pénible de revenir plus d'une fois sur ses pas. Mais ici l'occasion me paraît fort mal choisie pour lui adresser ce reproche : car je ne puis croire qu'il y ait possibilité de coexistence pour la double influence de l'esprit de cour et de l'élément parlementaire.

Je ne parlerai point des difficultés qu'on

éprouverait de nos jours à réunir autour du trône un entourage qui vécût d'une vie qui lui fût propre, qui puisât des forces réelles dans sa propre nature, qui pût enfin soutenir au lieu d'être soutenu. Car il ne faut pas se faire d'illusion; pour constituer une cour à l'européenne, dans le sens historique que nous avons reconnu appartenir à ce mot, il ne suffirait pas d'attacher à la personne du roi un plus ou moins grand nombre d'hommes éminents, par des emplois plus ou moins ingénieusement conçus. Quelque nombreux qu'ils fussent, de quelque titre qu'on les décorât, de quelques pensions qu'on les enrichît; quelle que fût même l'importance des familles où on les recrutât, tant qu'ils ne seront là qu'en raison de leurs emplois, et si d'autres qu'eux eussent tout aussi bien pu être appelés à les remplir, tous ces employés que je veux bien appeler fonctionnaires ne formeront en définitive qu'une réunion de favoris, paraissant ou disparaissant suivant la volonté du maître, ne s'appuyant que sur des intrigues et non sur des droits, condamnés a être toujours protégés et jamais protecteurs : dès lors propres aux flatteries et non point aux conseils, en un mot une véritable cour d'Asie. Mais je veux bien supposer cette difficulté vaincue, ou, ce qui est mieux encore, que la cour, qui existait jadis, se soit maintenue jusqu'à nos jours, que les évènements enfin n'en aient pas dispersé les débris si loin du trône de juillet..... Eh bien, je soutiens que, dans cette hypothèse même, elle ne saurait prolonger longtemps encore son existence politique; qu'elle ne saurait tarder à périr.

Tant que les cours n'ont eu à résister qu'à l'individualisme des rois, à envelopper la tendance particulière de chaque prince dans les tendances plus générales de leur esprit traditionnel, à l'entraîner avec elles, elles ont joui du privilége des forces collectives qui ont à lutter contre des efforts individuels : elles ont paru céder, l'ont fait quelquefois, mais ont toujours fini par reprendre le dessus. Tant qu'elles n'ont encore eu en face d'elles que des assemblées délibérantes trop mal constituées pour être capables de se former une opinion, de concevoir et d'arrêter un système, de passer enfin du discours à l'action, elles n'ont pas eu grand'peine à réduire à néant une opposition toujours verbeuse et jamais pratique.

Telle a été longtemps la situation de la cour de France vis-à-vis des états-généraux et du parlement. L'éloignement de ces premières assemblées, et surtout leur manque de périodicité, les rendait incapables de toute autre chose que d'une révolution, et, comme les révolutions n'arrivent qu'en leur temps, ce fut chose facile d'éluder leurs doléances jusqu'en 89. Quant au parlement, c'était un ennemi plus gênant, parce que son pouvoir était continu, mais encore moins sérieux, vu la singulière organisation de ce corps, trop mal défini dans ses attributions pour avoir une conscience nette de ses devoirs; pour qu'il ne fût pas facile d'entraver le côté politique par le côté judiciaire; trop compliqué dans la distribution de son personnel, pour qu'il lui fût possible d'arriver à une même pensée et de se réunir dans une action commune. Aussi, politiquement parlant, n'a-t-il jamais pu faire un pas en avant, sans se sentir aussitôt tourmenté du besoin d'en faire deux en arrière.

Mais il faut convenir que, dans notre France d'aujourd'hui, une cour aurait à combattre un adversaire bien autrement redoutable.

Notre pouvoir parlementaire a sa mission trop nettement précisée pour qu'il ne regarde pas comme son droit et comme de son honneur de l'accomplir tout seul, pour qu'il ne s'irritât pas du moindre empiètement qu'il découvrirait. Il est trop exclusivement politique pour qu'il y ait lieu d'obtenir un sacrifice à l'aide de quelques compensations d'une autre espèce; mais surtout il est trop fort pour qu'on le lui imposât par la force, pour qu'on puisse même douter qu'il ne reprît ouvertement ce qu'on lui aurait dérobé par adresse. Il ne faut pas oublier que ce qui manque chez nous au pouvoir parlementaire c'est de ne pas s'élever assez haut pour embrasser du même coup d'œil l'ensemble du chemin qu'il a fait et de celui qui lui reste à faire, que c'est tout simplement la faculté de se créer un véritable esprit de conduite; mais que ce n'est nullement la puissance de faire exécuter sa volonté du jour. Une erreur à cet égard pourrait se payer fort cher.

Bien qu'il ne soit pas en communication avec l'opinion publique par autant de points de contact qu'on pourrait le désirer, et que la chambre des députés, ce qui est le plus grand mal de notre situation politique, soit la seule partie de lui-même par laquelle il la touche, il n'en est pas moins vrai qu'il n'a qu'à vouloir pour qu'il soit à l'instant obéi par le pays. La chambre des députés est, quoi qu'on dise, placée assez près du peuple pour qu'il entende facilement sa voix, et ceux qui ne concourent point à la nommer ne seraient pas les derniers à répondre à son appel. En préférant la périodicité annuelle des sessions à leur continuité, on a rendu plus énergique encore son action sur le pays. Une législature non interrompue n'eût pas été toujours dignement occupée; elle eût fatigué l'attention, et cette fatigue eût provoqué l'oubli : notre vie politique, en devenant trop uniforme, eût fini par tourner au sommeil. Au contraire, pendant les intervalles des sessions, ces espèces d'interrègnes du pouvoir parlementaire, les critiques s'apaisent, les déceptions s'oublient, les espérances renaissent, ont le temps de grandir, et chaque rentrée est le signal d'un redoublement d'activité dans la pensée nationale, d'une espèce de réveil. En un mot, c'est une secousse moins forte, mais du genre de celles que donne le retour des élections, et qui, renouvelée tous les ans, tient continuellement l'opinion en haleine. Je ne sais si l'on s'était proposé ce résultat, si l'on n'avait pas cédé tout simplement aux exigences de l'intérêt privé : mais en tous cas il est obtenu; il faut en tenir compte.

Examinons quelles pourraient être maintenant les forces d'une cour pour résister à un ennemi devenu si puissant.

Autrefois elle était le point de mire de tout ce qui pensait, de tout ce qui aspirait à vivre d'une manière distinguée : les auteurs lui faisaient hommage de leur esprit ; les penseurs lui prêtaient leurs idées, et elle, elle prêtait à son tour au reste du pays des opinions toutes faites, son esprit, ses manières et ses modes. Aujourd'hui ce mélange de tous les débris de nos anciennes classes, qui s'accomplit sous nos yeux, fait de la diffusion des mêmes lumières une des lois sociales de notre époque, et, en se plaçant à ce point de vue, on dirait qu'elles n'ont été broyées que pour être mêlées. Le peu de distance qui sépare celles qui se relèvent en trop grand nombre pour ne pas se toucher montre que cette loi n'a rien d'accidentel et qu'elle agira sur les générations futures comme elle agit sur la nôtre. Un pareil développement des intelligences, dans lequel la quantité tend bien plus à varier que l'espèce, et où la quantité elle-même ne saurait varier que par nuances à peu près insensibles, à nécessairement pour résultat de faire pénétrer de plus en plus profondément dans les masses une même manière de sentir les arts et les convenances.

Comment une cour pourrait-elle, au milieu d'une société semblable, conserver longtemps encore son double patronage du goût littéraire et du bon ton? Pourquoi la ville lui demanderait-elle des leçons? Pour faire comme elle, elle n'a plus besoin de la copier. Il ne faut pas croire que ce genre d'influence fut aussi frivole qu'il le paraît au premier coup d'œil. Car il prenait sa source dans un aveu d'impuissance et devenait dès lors un élément de respect.

Autrefois la cour avait le double privilége de connaître seule les secrets d'État, et de connaître longtemps avant les autres les nouvelles politiques du jour. Aujourd'hui les discussions de tribune lui enlèveraient le premier, les journaux le second.

Autrefois enfin elle avait derrière elle la noblesse, et par la noblesse elle prenait pour ainsi dire racine à tous les points de la surface du sol. Aujourd'hui l'arbre est sans racines; la noblesse n'existe plus: ce n'est plus qu'un corps sans vie, que ne ressusciteront pas quelques espérances qui devraient se borner à rester des regrets.

Depuis que la carrière des armes a perdu la plus grande partie de son prestige sur l'opinion, depuis qu'elle n'est plus que l'état militaire, le principe nobiliaire à son tour a perdu son plus ferme appui. Car, de toutes les gloires, il n'en est aucune qui se marie aussi volontiers avec l'hérédité que celle du guerrier.

Sans doute, en quelque partie que ce soit, le fils d'un homme distingué naît avec des facultés au-dessus du commun. Quelques cas exceptionnels n'empêchent pas les autres de se poser hardiment en règle générale (1), et, de ce point de vue, il est incontestable que la nature a jusqu'à un certain point des tendances nobiliaires. Mais ce n'est qu'un vœu timidement exprimé, et que la société étouffe pour la plupart des facultés de l'homme, pour

(1) Dans les espèces animales, que leur utilité a rapprochées de notre observation, il est impossible de méconnaître la réalité de l'idée de race; il en est probablement de même pour celles que nous connaissons moins, et je ne sais pas pourquoi on ne voudrait pas la voir chez l'homme.

toutes celles qui ne sauraient s'élever jusqu'à l'utile, sans joindre au privilége de la naissance le droit d'une éducation longue et pénible. De la haute position du père, ne naît-il pas presque toujours la paresse de l'enfant, la dissipation du jeune homme, et enfin l'insuffisance de l'homme mûr, à qui l'ambition vient parler trop tard? Il n'y a guère que la bravoure qui échappe à cette règle commune; car elle est une affaire d'instinct, de position surtout, et, pour se développer, elle n'a pas besoin de passer par la rebutante épreuve d'une enfance laborieuse, d'une jeunesse contenue. Son éducation, à elle, c'est l'exemple des aïeux; et le jour où l'ambition vient lui dire qu'il faut marcher sur leurs traces, elle est sûre de la trouver prête à partir, en état de la suivre. Aussi le fils d'un brave est-il presque toujours aussi brave que son père, et peut dès lors remplir convenablement sa place. N'est-ce pas dire que toute époque où la plus honorée des carrières se trouve être celle des armes se prête par cela même merveilleusement au principe de la supériorité héréditaire des familles? Malheureusement pour la noblesse, il est loin d'en être ainsi de nos jours.

Mais ce qui frappe la noblesse plus près du cœur encore, c'est que, dans une civilisation aussi compliquée que la nôtre, les moyens de se faire remarquer sont trop nombreux, trop divers surtout pour qu'une même maison puisse rester longtemps plus haute que ses voisines.

Jadis on ne parvenait à se faire un nom que par les armes, la magistrature ou l'église. On conçoit alors que ceux qui se sont une fois trouvés maîtres de cette triple voie, n'ayant à diviser ni leurs forces ni leur attention, aient pu s'y fortifier, s'en assurer la possession et refuser l'entrée à tout autre qu'aux leurs. Mais aujourd'hui que la société est tourmentée d'autant de besoins, que l'ardeur de ses désirs s'accroît par leur nombre même, que toutes les facultés humaines acquièrent des droits à la reconnaissance et mènent a la célébrité, comment la hiérarchie des familles ne serait-elle pas à chaque instant troublée? comment les traces d'un premier classement ne finiraient-elles pas bientôt par disparaître tout à fait? Il faut le reconnaître, le temple de la gloire, quand il n'a que deux ou trois portes, devient presque fatalement celui du privilége; mais, quand il en a mille, chercher à les défendre toutes à la fois, à les garder pour soi et les siens, c'est folie : le temps de l'aristocratie héréditaire est passé.

Je sais que beaucoup d'autres considérations, tirées du juste et de l'injuste, s'opposent publiquement au rétablissement d'une noblesse; mais j'ai cru devoir me borner ici à examiner un côté de la question, moins étudié, je pense : celui de l'impossibilité, pour ainsi dire matérielle, d'une pareille institution dans une société comme la nôtre.

Ainsi, sans noblesse pour la rattacher au reste du pays et la défendre au besoin, dépouillée des priviléges de sa position ancienne par rapport à la connaissance des affaires publiques, déshéritée enfin même de cette suprématie toute d'élégance et de loisir qu'elle exerçait sur ce qu'on nommait la ville, une cour aujourd'hui ne serait plus que l'ombre d'elle-même. Tout ce qui faisait sa force dans la vieille société française n'a plus d'analogue dans la nôtre ; des armes qui lui servaient à vaincre le pouvoir parlementaire, alors que cet ennemi n'était encore qu'un enfant, les unes ont été brisées par la révolution, les autres sont usées par le temps : elle n'en retrouverait aucune en état de servir ; et j'ai beau chercher autour d'elle, je ne vois rien qui puisse les remplacer. Comment donc voudrait-on qu'elle réussît à lui tenir tête, maintenant qu'il a, sinon toutes les qualités de l'âge mûr, du moins la vigueur et l'énergie de la jeunesse ?

S'il eût été possible que l'esprit de cour conservât quelque part d'influence politique en un gouvernement constitutionnel, il l'eût fait de l'autre côté de la Manche, et il ne l'a pas pu. Là, cependant, son alliée naturelle, son plus ferme appui, l'aristocratie héréditaire avait survécu au 93 et au 1830 de ce pays ; elle en était même sortie sans blessures bien graves. Mais, entraînée par la force des choses, ou peut-être trop sagace pour engager une lutte impossible, l'aristocratie anglaise a passé tout entière du côté du nouveau-venu. Au reste, l'impuissance de l'esprit de cour n'est-elle pas démontrée plus clairement encore par notre restauration? L'histoire de ses deux rois nous en donne pour ainsi dire la preuve et la contre-preuve. Ce qui a fait la force et la sûreté du premier des deux, ce qui plus tard fera sa gloire, gloire, ne l'oublions pas, que nous grandissons chaque jour de nos propres erreurs, ce fut d'avoir reconnu que le règne des cours était chose finie; de s'être constamment refusé à y voir le contre-poids du pouvoir parlementaire. Ce qui, au contraire, a perdu le second, n'est-ce pas de n'avoir pu s'élever au point de vue de son frère, et d'avoir voulu exécuter lui-même ce qu'il lui avait si longtemps et si inutilement conseillé!

Après tant de raisons, après ce triple exemple, je ne conçois pas d'illusions permises. Là où le progrès des temps a fait une nécessité des formes constitutionnelles, il n'y a plus de place politique pour l'entourage personnel des rois; essayer de lui en creuser une nouvelle, c'est tout simplement travailler à creuser un gouffre. Aujourd'hui, s'il existait encore un reste de cour, si des évènements, plus heureux qu'on ne pense, n'en avaient dispersé les débris loin du trône de juillet, il faudrait lui conseiller de finir dans le silence les derniers jours d'une vie désormais sans but, et, comme Louis XVIII, l'y contraindre au besoin. Gardons-nous donc de regretter son absence; gardons-nous surtout de désirer son retour (1).

Ainsi ce seul côté des espérances de nos nouveaux ultra-royalistes, que l'histoire nous ait permis de prendre au sérieux, disparaît sitôt qu'on s'en approche, s'évanouit sitôt qu'on veut l'examiner avec quelque attention.

(1) Songeons que Charles X fût probablement mort sa couronne à la tête, s'il se fût trouvé dans la même position que Louis-Philippe par rapport aux représentants de l'ancien esprit de cour, si quelque prétendant lui eût rendu le service de les retenir autour de sa personne.

CHAPITRE VI.

SUBSTITUTION DU POUVOIR PARLEMENTAIRE A L'ESPRIT DE COUR.

Si notre civilisation moderne ne contient plus d'éléments dont on puisse recomposer un véritable esprit de cour, cette atmosphère politique dans laquelle nos rois d'Europe naissaient, vivaient et mouraient sans produire le plus souvent autre chose qu'un trouble passager; s'il est désormais impossible de ressusciter cette même influence à laquelle les royautés d'alors ont dû non-seulement leur esprit de suite, mais aussi leur durée, et sans laquelle elles n'auraient été, comme en Asie, que l'éternel jouet d'individualités successives, c'est-à-dire du hasard; en un mot, s'il nous est interdit de redemander les mêmes effets à des causes qui ne sont plus et ne peuvent plus revivre, en faut-il conclure que le passé soit sans conseils pour les amis des monarchies nouvelles? Non, sans doute. Ce qui nous est défendu, c'est de copier, mais non pas d'imiter. Il est vrai que, pour imiter, il faut sous l'application distinguer le principe, et c'est ce que nos nouveaux royalistes ne veulent pas, parlons plus juste, ne savent pas faire. Eh bien! le principe, l'histoire l'a mis à nu devant nous: c'est que l'avenir d'une royauté dépend bien moins de la propre pesanteur du trône que de la solidité des bases sur lesquelles on l'élève, cette première force étant de sa nature trop personnelle pour pouvoir être constante. Ce qui n'a été que l'application, ce qui dès lors peut et même doit être un jour ou l'autre changé, c'est que ce rôle de base a été rempli jusqu'à nos jours par l'esprit traditionnel des cours.

Ainsi étudié dans le passé, la question de la

royauté se simplifie beaucoup quant à sa solution dans le présent. Si elle n'est pas résolue, on sait au moins à quel ordre de difficultés on a affaire : car on sent tout de suite qu'il ne peut plus s'agir de rapiéceter l'ancienne application du principe ; qu'il en faut une nouvelle.

En effet, n'est-il pas clair que le règne des cours est passé, par cette seule raison, sans en chercher d'autres qui ne manqueraient pas, que celui de l'esprit public est devenu possible et que dès lors il arrive ; que chercher la cause de l'ordre ailleurs que dans sa régularisation, c'est s'exposer à ce que celle du désordre soit constamment la plus forte ; que c'est par conséquent tenir une révolution éternellement suspendue sur la tête du pays, et cela par un fil qu'un accident peut rompre. Donc, ce qui nous reste à faire, c'est d'organiser en une politique nationale l'opinion populaire qui s'agite en détail, ou, en termes plus précis, c'est de constituer le pouvoir parlementaire de sorte qu'il puisse suffire à la double mission de guide et d'interprète, pour que l'esprit public devienne ainsi une véritable institution. C'est ensuite d'y voir, et sans arrière-pensée, la vraie, l'unique base de la monarchie future; de l'y placer, avec respect sans doute, mais d'une main qui ne tremble pas, pour qu'elle soit bien assise.

CHAPITRE VII.

INSUFFISANCE DE L'EXPÉRIENCE DE JUILLET POUR JUGER DE L'AVENIR PARLEMENTAIRE.

Je sais que les suites de la révolution de juillet, pour beaucoup d'esprits, et nos nouveaux ultras sont du nombre, ne parlent guère en faveur du principe parlementaire.

« En 1830, nous dit-on, sa toute-puissance « était incontestée, puisqu'il put en même temps « défaire un roi, et, ce qui est toujours plus dif- « ficile, en faire un autre. Eh bien! depuis cette « époque n'est-il pas évident qu'il s'est presque « toujours montré au-dessous de sa position « nouvelle, et que chaque année il laisse tomber

« quelque partie de pouvoir de ses mains inha-
« biles. Pour peu qu'on veuille examiner avec
« quelque attention la nature des lois électo-
« rales proposées jusqu'à ce jour, et il est plus
« que probable que celles qui suivront seront
« de la même famille, on ne saurait s'attendre à
« ce qu'elles rendent à notre gouvernement la
« capacité politique qui lui manque, et l'esprit
« de suite qui en est une conséquence. »

Cette objection au fond n'est que spécieuse. Bien que nous admettions volontiers la critique de ce que nous avons eu jusqu'à ce jour, et peut-être encore plus volontiers de ce que nous aurions après une réforme électorale, elle nous semble ne pas résister à ce seul mot de réponse, c'est que ce ne fut point le pouvoir parlementaire qui se constitua souverain lors des trois journées; ce n'en fut qu'une partie, la chambre des députés. Tout le monde ne connaît-il pas quel fut le rôle de sa sœur dans cette crise célèbre? Ne sait-on pas qu'elle ne défendit personne, qu'elle n'osa pas se défendre elle-même, que ce ne fut enfin qu'à force d'obéissance qu'elle espéra de n'être pas déclarée bâtarde et rejetée comme telle? Ne sait-on pas aussi que, pour prix de tant de sacrifices, il ne lui fut réellement accordé qu'une chose : de garder son nom.

Après un tel début, tout ce qu'il y a eu d'influence parlementaire depuis treize ans ne pouvait partir d'une autre source que de la chambre élective. C'est donc à elle seule à répondre à des critiques que l'on a trop légèrement généralisées.

Malheureusement il est depuis longtemps dans les habitudes de l'opinion en France de ne faire attention qu'à la chambre des députés, de n'espérer qu'en elle, de la considérer comme le parlement tout entier. Si le consentement unanime, ou réputé tel, n'était pas une preuve d'une philosophie par trop populaire pour qu'il ne soit pas prudent de s'en munir d'une autre, ce qu'il y aurait de mieux à faire ce serait de ne plus s'occuper de pairie : car personne aujourd'hui n'y songe.

En lui donnant l'hérédité pour base, la restauration parut en faire comme la consécration du principe nobiliaire qu'elle ramenait avec elle, et par suite elle la constitua en une sorte d'opposition fatale avec la majorité du pays. L'opinion s'accoutuma dès l'origine à ne lui adresser que des soupçons et des craintes. Quand elle la vit dépouillée de ce qui lui faisait peur, il n'était guère naturel qu'elle se prît tout à coup à en faire l'objet de ses espérances; loin de là, elle se trouva tout heureuse de la mettre en oubli, et jusqu'à ce jour elle n'est point encore parvenue à séparer nettement l'idée de privilége du mot pairie. Enfin, aux yeux des libéraux, ce parti qui, en 1830, est devenu le pays, l'hérédité fut une de ces taches originelles dont on ne se lave pas même en mourant: car elle a flétri l'institution pendant quinze ans, et aujourd'hui qu'elle n'est plus, elle en flétrit encore le nom.

Je réserve pour plus tard l'examen des motifs qui militent pour ou contre un corps législatif par droit de naissance dans une société semblable à la nôtre. Que ce dogme de l'hérédité de l'une de nos chambres ait dû sa perte à l'entourage de ceux qui l'ont proclamé, ou qu'il la doive à des causes plus profondes, peu m'importe pour le moment. Ce que je voulais constater, c'est que la chambre des pairs est sortie des mains de la restauration toute gangrenée d'impopularité, sorte de plaie dont elle n'a pu guérir, qu'elle la tînt de sa propre nature ou du contact des autres; que cette impopularité a conduit l'esprit public d'abord à concentrer tout son espoir sur une seule des deux parties du tout parlementaire, plus tard à ne s'occuper que d'elle, lorsque l'autre ne lui sembla plus à craindre, et enfin à prendre presque théoriquement la partie pour le tout.

Cette exagération du principe de l'élection populaire dans une civilisation aussi compliquée que la nôtre, soit socialement, soit géographiquement, est chose trop difficile à soutenir, la logique à la main, pour qu'il ne fût pas grand temps d'en signaler l'une des principales causes.

Elle décourage chaque jour un trop grand nombre d'esprits utiles et les rejette vers la copie d'un passé désormais impossible, en leur cachant la meilleure partie des ressources du présent; elle en égare peut-être plus encore à la suite de projets de réformes électorales, dont l'impuissance excite à chaque instant l'audace; elle tend ainsi à miner les bases de notre monarchie par trop de côtés à la fois pour qu'il ne fût pas urgent de montrer d'où elle vient, afin de nous aider à juger quelle elle est.

CONCLUSION

DE LA PREMIÈRE PARTIE.

Nous avons montré qu'il n'était plus permis de songer à replacer notre monarchie française sur l'ancienne base de l'esprit de cour ; qu'il fallait désormais lui en chercher une plus solide et plus large dans une organisation convenable de l'esprit public. Nous avons ensuite fait voir aux déserteurs du drapeau parlementaire qu'ils s'étaient trop hâtés de désespérer de son avenir ; que l'expérience de juillet, n'ayant au fond porté que sur une partie, ils ne pouvaient être fondés à en tirer conclusion contre le tout.

Nous leur dirons maintenant que les ressources de la cause qu'ils ont quittée sont loin d'être aussi épuisées qu'ils l'ont cru.

D'une question nécessairement double, on n'a généralement encore envisagé qu'une seule et même face ; pourtant, avant de prononcer un jugement, il fallait s'être élevé assez haut pour pouvoir les étudier toutes les deux à la fois, et en saisir l'ensemble. Nous comptons aider l'opinion publique à surmonter le préjugé d'une vieille habitude pour se placer à ce point de vue nouveau, en réunissant ici quelques considérations tant sur la chambre des députés que sur la pairie, en essayant de déterminer l'espèce de modifications auxquelles chacune de nos assemblées peut se prêter aujourd'hui, sans déroger ni aux exigences de notre civilisation, ni aux lois de sa nature spéciale, aux conditions de son existence.

En examinant en même temps la portée politique de ces diverses réformes, en comparant surtout celles qui sont depuis longtemps l'objet de l'attention générale à d'autres moins connues, sur lesquelles nous espérons qu'elle se fixera plus tard, nous ferons tout naturellement sentir pourquoi on a échoué jusqu'à ce jour, et, mieux encore, pourquoi nous nous croyons fondé à prétendre que cette grande institution de l'esprit public n'a point dit son dernier mot en France.

CONSIDÉRATIONS PRÉLIMINAIRES

A LA 2me ET A LA 3me PARTIE.

DU POUVOIR PARLEMENTAIRE.

Ainsi que nous avons eu occasion de le dire en passant, un parlement a double mission à remplir : s'il doit être l'interprète de l'opinion du peuple, il doit aussi savoir en être le guide. De ces deux ordres de devoirs le premier est reconnu par tout le monde ; nous nous bornerons donc à montrer que, bien qu'elle ne soit qu'exceptionnellement sentie, l'importance du second n'est cependant pas moins grande.

Il n'y a pas encore un an, Monsieur de Lamartine, que vous écriviez dans le *Bien public* de

Mâcon : «Faire penser le pays, c'est, selon nous, le principal mérite du gouvernement représentatif, » et vous aviez raison ; car, de nos jours, où rien n'a survécu de ces anciennes classifications qui nous divisaient sans doute, mais pour nous réunir sous un autre point de vue, il n'y aurait plus sur la surface du sol que des individus isolés, si, grâce à la vie politique de tous, il n'y avait une nation. Cette considération, on peut se le rappeler, a déjà été pour nous un des principaux motifs qui nous ont fait voir dans les formes parlementaires une des nécessités de la société moderne. Mais je regrette que vous vous soyez arrêté si vite dans une voie féconde ; que, pour réaliser un principe si heureusement placé sur la tête de votre foi politique, vous ayez cru suffisant de conseiller quelques idées aux hommes de l'opposition : je regrette enfin que vous n'ayez pas attaqué la difficulté dans ce qu'elle a de durable, que vous n'ayez pas recherché grâce à quelles conditions un parlement peut s'acquitter de ce que vous avez déclaré son devoir.

En effet, pour faire penser le pays, suffit-il de lui demander ce qu'il pense, de donner un organe à toutes les opinions qui germent dans son sein? Suffit-il de déclarer souveraine la volonté qu'il aura su se former?

Si rien ne préparait les questions qu'on lui fait; si une pensée fixe et permanente, en ajournant les unes, en soulevant les autres, ne le contraignait à les envisager sous les faces par lesquelles elles se touchent et doivent se réunir; si cette même pensée ne présidait au développement continu de la nationalité, en combattant sans cesse cette tendance des masses à isoler chaque journée entre celle qui précède et celle qui va suivre, le pays ne serait-il pas à chaque instant pris au dépourvu par les évènements, le plus souvent incapable de répondre? S'il répondait par cela même qu'il n'aurait pas compris, l'expérience du lendemain ne viendrait-elle pas lui reprocher son incapacité de la veille! et quelle que soit la présomption de la toute-puissance, elle ne saurait résister à des déceptions trop souvent répétées. Plus vite qu'on ne le croit, elle cèderait la place au découragement, cette maladie de l'opinion, dont on ne guérit que bien difficilement, quand elle a cessé de faire souffrir sous le nom d'indifférence.

Déjà quelques-uns des symptômes qui la précèdent commencent à se manifester en France ; hâtons-nous donc, pour arrêter le mal, de fixer nos regards sur la seconde partie de la destination d'un parlement, de diriger nos recherches sur les moyens de le mettre en état de l'accomplir dignement, c'est-à-dire de servir de guide à l'esprit public et d'utiliser son activité, en en régularisant les incertitudes.

Jusqu'ici, pour notre malheur, nous ne nous sommes point assez préoccupés de ce côté du problème constitutionnel ; je serais tenté de dire que nous ne nous en sommes point occupé du tout, que même nous n'avons peut-être pas soupçonné son existence. Chaque fois que notre parlement est resté au-dessous de quelque haute question, soit qu'il n'ait osé l'aborder, soit qu'il l'ait rapetissée par une solution mesquine, ses amis, ceux qui ont conservé leur foi dans sa destinée future, ne savent encore aujourd'hui lui adresser qu'un reproche, et ce reproche, c'est de n'être pas une expression assez complète de l'opinion publique : c'est constamment à cette même cause qu'ils demandent l'explication de sa faiblesse et le moyen de l'en guérir. Bon nombre d'esprits sans doute se refusent à croire qu'on découvrît une nouvelle source de capacité politique en fouillant plus avant dans la masse électorale ; mais ceux-là n'indiquent pas d'autre remède et se mettent à désespérer, non plus de tel état accidentel de l'institution, mais bien de l'institution tout entière, autant dans les possibilités de l'avenir que dans la réalité du présent. Enfin, si le nom que l'on donne aux choses révèle presque toujours l'idée qu'on s'en est faite, n'est-il pas digne de remarque que, pour désigner l'espèce de gouvernement sous lequel nous vivons, une seule épithète ait paru suffisante : celle de représentatif? N'est-ce pas présenter le beau idéal du gouvernement parlementaire dans sa plus grande aptitude possible à reproduire toutes les nuances, toutes les modifications de l'esprit public ? N'est-ce pas borner son rôle à celui d'exécuteur de la volonté du pays ?

C'est, il faut l'avouer, rendre la tâche de la critique trop facile que de placer ainsi le pouvoir parlementaire à la remorque de ce qu'on appelle l'intelligence politique de la nation. Car cette expression de la démocratie ne cacha jamais une illusion plus profonde que de nos jours. Quelque fréquent qu'en soit devenu l'emploi, il n'est pas plus justifié par l'état actuel de nos sociétés modernes qu'il ne tend à l'être par ce qu'on peut saisir de leurs transformations probables.

Ce qui devient l'origine d'une erreur dangereuse, c'est que l'on est assez naturellement porté à confondre le développement intellectuel de chacun des individus qui composent les masses avec la capacité politique de ces masses elles-mêmes ; c'est qu'on oublie que leur aptitude à arriver par leurs propres forces à une appréciation des affaires publiques assez nette, assez soutenue surtout, pour devenir digne du nom d'opinion nationale ; que cette aptitude, dis-je, a pour condition bien moins les connaissances privées de chaque citoyen, le degré de culture de son esprit, que la simplicité et le petit nombre des intérêts mis en présence, que la destination en quelque sorte forcée que le peu d'étendue du pays, sa position géographique, ou d'autres causes semblables assignent aux efforts de tous, sans qu'il soit possible de s'y méprendre. Aujourd'hui, sans doute, les lumières pénètrent de plus en plus profondément toutes les parties du corps social ; mais ce serait gravement se tromper que de croire qu'elles y feront pénétrer avec elles cette unité de vues, sans laquelle le sentiment national finit tôt ou tard par périr. La civilisation a tellement multiplié nos besoins et nos désirs, l'étendue géographique de notre patrie a relié ensemble tant de passions, tant d'intérêts divers et souvent ennemis, qu'une même question présente à l'examen trop de faces opposées pour qu'il n'en résulte pas mille jugements contraires.

En rendant désormais impossible une organisation aristocratique, c'est-à-dire toute hérédité des fonctions dans les mêmes familles, la civilisation a de plus tari pour nous une source féconde de tendances traditionnelles, cette espèce de force occulte qui régularise les préoccupations du présent par le souvenir du passé, par le sentiment d'un avenir défini d'avance et qui nous fait ainsi marcher vers un but déterminé, le plus souvent sans que nous nous en apercevions.

Il faut aussi tenir grandement compte de l'extrême mobilité des conditions, qui caractérise toute espèce de société démocratique comme la nôtre l'est déjà et surtout tend à le devenir : car cette mobilité condamne chacun de nous à d'incessantes préoccupations personnelles, et la vie politique ne devient possible qu'à la condition de n'enlever que peu de temps aux exigences de l'intérêt privé. Il faut travailler pour se créer une position ; il faut travailler pour conserver celle que l'on a déjà ; il faut travailler pour en préparer une analogue à ses enfants : en un mot, il faut travailler éternellement pour soi et pour les siens. N'est-ce pas dire qu'en une telle société il n'y a point de place pour des méditations longues et suivies sur les affaires publiques ? Autrefois l'esclavage assurait de longues heures de loisir aux citoyens des républiques de l'antiquité ; dans des temps plus rapprochés de nous, la fixité de la hiérarchie nobiliaire laissait encore aux classes privilégiées une large disponibilité d'esprit, et les uns et les autres pouvaient en profiter pour asseoir leurs convictions sur les bases durables d'une réflexion soutenue. Aujourd'hui, c'est à peine si l'intérêt personnel nous accorde quelques instants d'un loisir toujours inquiet. Ce n'est certes pas sans raison que la presse quotidienne se substitue de plus en plus aux écrits sérieux (1) et que ses articles passagers ont rem-

(1) Le même phénomène s'est déjà manifesté en littérature. On s'est borné jusqu'ici à en signaler les conséquences funestes ; il faudra probablement bientôt reconnaître qu'il a sa cause dans la nature même d'une société

placé les ouvrages de longue haleine. Mais puisque le temps et l'étude ne peuvent plus se réunir pour assurer la marche de l'esprit public, et lui déterminer un but qui soit toujours le même, comment voulez-vous, si on l'abandonne à ses propres forces, qu'il aille autrement qu'en chancelant, qu'en changeant de direction à chaque pas? Si les seuls maîtres de l'opinion s'appellent les *journaux*, comment l'opinion pourrait-elle faire autre chose que penser et vivre *au jour le jour?*

Ainsi, pour peu qu'on veuille porter un regard attentif sur ce qui nous entoure, pour peu qu'on s'élève au-dessus de quelques préjugés d'habitude, on reconnaît bientôt que l'esprit public n'eut jamais plus besoin d'être conduit que de nos jours, que jamais il ne trouva en lui-même moins d'éléments, soit d'une pensée commune, soit d'une politique suivie; et, pour ma part, je ne crains pas d'affirmer que, si on ne

sans loisir, et songer à s'accommoder de cette transformation.

parvient pas à déposer dans la constitution même le germe de l'esprit de suite, à lui préparer une place où il puisse se développer et grandir en sûreté, il faut s'attendre à vivre au jour le jour, je répète le mot, jusqu'à ce que nous mourions d'une dissolution successive.

C'est à découvrir quelle est celle des deux parties de notre tout parlementaire qui peut recevoir et féconder dans son sein ce germe précieux de l'esprit de suite, que nous allons consacrer le reste de ce travail. Car, après ce que nous avons dit de l'élément dynastique, il ne nous est pas permis de nous adresser ailleurs.

Sans doute nous préjugeons ici une question grave, celle de la nécessité de deux assemblées législatives. Mais elle nous paraît résulter trop clairement de ce double rôle de guide et d'interprète, que nous avons reconnu appartenir à tout parlement bien constitué, pour que nous ne croyions pas superflu d'en demander une raison nouvelle à des considérations d'un autre ordre. Au reste, l'insuffisance de l'une ou l'autre de nos deux chambres à remplir seule l'ensemble des devoirs parlementaires ne nous prouvera-t-elle pas, une fois que nous l'aurons constatée, la nécessité de les réunir toutes les deux?

DEUXIÈME PARTIE.

DE LA CHAMBRE DES DÉPUTÉS.

Quand j'ai traité de l'élément dynastique, je n'ai rien dit des avantages de l'hérédité pour cette haute et unique fonction de chef de l'État ; je n'ai point parlé des motifs qui doivent la faire adopter par nos sociétés modernes, telles qu'elles tendent à se constituer ; je me suis borné à adresser quelques conseils à un parti qui me paraît en avoir de plus en plus besoin, à lui rappeler qu'il faut prendre garde de demander à l'élément dynastique ce qu'il ne saurait donner de nos jours, à lui tracer enfin quelles sont, selon moi, les limites que désormais la royauté ne peut essayer de franchir sans danger. C'est qu'aujourd'hui il n'y a rien à craindre de l'erreur républicaine, et que l'on ne serait peut-être pas fondé à en dire autant de l'opinion opposée.

De même et par un motif dont l'analogie est facile à saisir, je n'insisterai ici, en considérant la chambre des députés, que sur son insuffisance à remplir à elle seule toute la place qu'un parlement doit tenir dans une civilisation comme la nôtre : je me bornerai à montrer qu'il n'est pas dans sa nature de pouvoir s'élever jusqu'au rôle de guide de l'opinion publique, rôle dont nous venons cependant de reconnaître toute l'importance actuelle.

C'est que je ne compose point un livre ; je ne fais qu'une brochure : c'est-à-dire que, du sujet qui m'occupe, je ne traite et ne développe les diverses parties qu'en raison de leur utilité présente, et non d'après cette valeur absolue qui se juge de plus haut que les besoins passagers de l'époque, en se plaçant au point de vue général de la théorie.

CHAPITRE Ier.

DE LA NATURE D'UNE CHAMBRE DES DÉPUTÉS, ET DE SA PRINCIPALE MISSION.

Une chambre des députés est, comme chacun sait, destinée à donner à l'opinion publique un moyen normal de se produire ; à enlever ainsi à cette force politique ce qu'elle a de révolutionnaire, lorsqu'elle n'agit qu'accidentellement ; à la rendre enfin gouvernementale, à en faire un élément de pouvoir, en lui créant un organe permanent et fixe. Aussi ce qui caractérise cette espèce d'assemblée, ce qui fait le fond même de l'institution, c'est que ses membres soient nommés par le peuple, c'est-à-dire par la partie du peuple reconnue en état d'exercer ce droit. C'est donc ce principe même de l'élection populaire, sur lequel nous devons fixer nos regards et dont il nous faut rechercher les diverses conséquences, si nous voulons arriver à déterminer jusqu'où va, mais où s'arrête, la mission d'une chambre des députés.

Il est clair que l'origine d'une pareille assemblée la rend essentiellement propre à remplir celui des devoirs du parlement qui consiste à être l'interprète de l'opinion du pays, et qu'il ne s'agira, pour qu'elle ne laisse rien à désirer sous ce rapport, que de faire varier convenablement les limites de la loi électorale. Il ne nous reste donc qu'à examiner si la nature lui permet également de réagir sur l'esprit public, de manière à en devenir le guide, auquel cas le pouvoir parlementaire n'aurait pas besoin de chercher d'autre base que celle de l'élection populaire.

Mais, avant d'aller plus loin, rappelons-nous bien que l'un des plus importants services, le premier peut-être, que les sociétés modernes attendent de l'admission des masses à la vie politique, c'est de combattre et d'annuler cette tendance à l'individualisme, qui ne pouvait manquer de suivre la destruction des anciennes classifications, et qui malheureusement trouve un auxiliaire dans l'immense étendue des royaumes actuels. Et comme les masses ne peuvent participer réellement à la vie politique que par leur droit d'élire, n'oublions pas que c'est au principe de l'élection par le peuple que revient le devoir et l'honneur de réunir en un même corps tant de milliers d'hommes qui ne se tiennent plus par les liens de la hiérarchie, et surtout d'une hiérarchie simple.

Ce serait s'abuser que de compter sur la presse pour entretenir cette communauté de craintes, d'espérances et d'orgueil, qui se nomme le sentiment national. Car la publicité, isolée de l'élection populaire, qui lui donne une destination positive et pratique, ne saurait être autre chose qu'une activité sans but, destinée dès lors ou à devenir révolutionnaire pour s'en créer un, ou à s'éteindre d'elle-même au milieu de l'indifférence générale. Il ne faut donc pas se faire d'illusion : il n'y aura de salut un jour ou l'autre pour toutes ces belles nationalités européennes que dans l'exercice du droit électoral ; sans cette source nouvelle d'une pensée commune, elles ne sauraient survivre longtemps à la ruine évidemment fatale de leurs aristocraties. Aussi tout système d'application du principe de l'élection populaire, qui tendrait à lui enlever ce que j'appellerai sa puissance nationalisatrice, ou seulement à l'affaiblir, doit par cela seul être rejeté à l'instant.

Ce point de vue domine toute la discussion qui va suivre; nous reviendrons nous y placer souvent.

Jusqu'ici, l'on s'est trop préoccupé des difficultés de l'application, de celles qu'on éprouve à approprier à chaque degré de civilisation les diverses conditions d'après lesquelles le peuple doit élire ses représentants. Cette préoccupation a empêché de reconnaître qu'au-dessus d'elles se trouvent certaines conséquences inhérentes à la nature même du principe, contre lesquelles la solution la plus heureuse doit rester impuissante.

C'est sur ce côté de la question malheureusement laissé dans l'ombre que nous allons essayer de diriger quelque lumière.

CHAPITRE II.

D'UN VICE INHÉRENT A LA NATURE DE TOUTE ÉLECTION PAR LE PEUPLE.

Quand il s'agit d'une assemblée souveraine ou partie du pouvoir souverain, c'est une conséquence nécessaire de l'élection par le peuple, que les dignes soient choisis par les indignes, ou, en d'autres termes, que l'immense majorité de ceux qui nomment soient évidemment incapables d'être nommés eux-mêmes; et, pour mon compte, en partant d'une donnée semblable, je ne saurais espérer une réunion d'hommes véritablement supérieurs.

Je veux bien accorder que tout individu soit

apte à reconnaître les capacités supérieures à la sienne; mais qu'il le soit également à distinguer, parmi ces diverses supériorités, celle qui s'élève plus haut que toutes les autres, c'est ce qui me paraît contraire aux lois les plus simples de la formation de toute espèce de jugement. En effet, dans le premier cas, comme il ne s'agit que de constater notre infériorité, un des éléments à comparer est toujours à notre portée, et si l'autre cesse d'y être, la conclusion n'en est que plus évidente : mais, dans le second, il peut et même il doit le plus souvent arriver que tous les deux se trouvent placés trop au-dessus de nous pour qu'il nous soit possible d'atteindre à une perception nette des différences, et, par conséquent, de donner une base solide à notre décision.

Pour peu qu'on veuille s'affranchir d'une vieille habitude, il est impossible qu'on ne sente pas tout ce qu'il y a de vicieux, d'illogique dans ce principe de l'élection *du plus capable* par des gens qui presque tous se trouvent à une si grande distance des concurrents légitimes. Un pareil mode d'élection est nécessairement favorable au demi-mérite : il n'offre point de garanties suffisantes aux supériorités réelles ; et ces dernières ont le droit de se plaindre de n'être point jugées par leurs pairs.

C'est chose bien plus difficile qu'on ne pense que de juger la véritable valeur d'un homme. Il ne suffit pas d'écouter le bruit qu'il fait aujourd'hui dans le monde, il faut être en état de prévoir ce qui doit survivre à ce bruit du moment ; dans les titres par lesquels il se recommande, il faut pouvoir distinguer ce qu'il y a de durable de ce qui ne doit les apparences de la grandeur qu'à une erreur dont le temps fera justice. Il faut surtout être de force à classer ceux dont la réalité est incontestable, en se plaçant plus haut que les préoccupations actuelles, sans se laisser entraîner par cette tendance si naturelle à exagérer tout ce qui est nouveau. C'est assez dire, je crois, que la tâche est au-dessus de la capacité des masses, des masses qui sont condamnées à vivre au jour le jour, non-seulement parce qu'elles ont la vue courte, mais encore parce que leurs passions s'électrisent au contact du nombre.

Je suppose qu'il y eût des licenciés, ou gradués analogues, pour toutes les parties de l'esprit humain, qui ont leur représentation à l'académie des sciences ; je suppose qu'il fût facile de réunir en un même lieu tout ce peuple scientifique, et qu'alors on jugeât convenable de le charger de l'élection des académiciens. Eh bien, je n'hésite point à dire que les résultats de ce nouveau système seraient en général inférieurs à ceux que l'on obtient aujourd'hui. Dans l'état actuel des choses, notre académie est incontestablement l'élite de la France scientifique ; donc on ne pourrait faire mieux. Dès lors n'est-il pas fort probable que l'on ferait plus mal ! Sans doute les candidats académiciens ne seraient jugés que par des hommes qui font des questions de sciences la principale occupation, le but spécial de toute leur vie, et cette spécialité serait une garantie trop positive pour que tous les choix ne tombassent pas sur des hommes d'une véritable valeur. mais cette spécialité même ne mettrait point à l'abri de cette tendance à l'engouement inhérente à la nature du nombre, de cette inaptitude de tout ce qui est foule à juger de l'influence du présent sur l'avenir. Rien dès lors n'empêcherait qu'une œuvre de mérite ne fût prise pour une conception de génie, et réciproquement. Dans cette hypothèse, les inconvénients de l'élection populaire sont amoindris autant que possible; cependant, on le voit, il en reste toujours quelque chose. Que sera-ce donc si nous nous replaçons dans les conditions bien moins favorables de la réalité électorale que nous étudions; si nous songeons que tout futur député, qui veut conserver à ses prétentions quelque caractère politique, se trouve face à face avec des gens qui n'ont jamais vécu que de la vie individuelle, et qui, s'ils se sont quelquefois occupés d'affaires publiques, ne l'ont jamais fait qu'accidentellement, imparfaitement, tout à fait par occasion?

Je sais qu'Aristote, dans son livre sur la potique, reconnaît aux masses une grande aptitude à choisir des hommes qui les gouvernent; je sais aussi que Montesquieu, dans son esprit des lois, proclame deux fois une opinion semblable (1). Mais l'autorité de ces deux grands hommes ne détruit point celle des raisons que j'ai données, surtout si l'on songe que leur opinion s'est formée au milieu et en vue d'une société dont la nature tendait à en masquer les conséquences vicieuses : cette remarque s'applique surtout au premier.

En effet, il ne faut pas oublier qu'Aristote prenait son point de départ dans une civilisation où, grâce à l'esclavage, les affaires publiques et la philosophie étaient la principale, presque l'unique occupation de chaque citoyen, et où, d'un autre côté, la petitesse des États mettait à l'abri de tous les inconvénients du morcellement électoral; que le problème qu'il envisageait se rapprochait infiniment de notre hypothèse sur l'académie, et qu'alors le penseur grec échappe

(1) Liv. II, chap. II; liv. X, chap. VI.

aux suites les plus funestes du principe. Quant à Montesquieu, je crois qu'il s'est placé à la suite de son illustre devancier, sans faire suffisamment attention à la différence des temps. Dans les sociétés qu'il avait à considérer, les préoccupations personnelles tenaient déjà bien plus de place que dans celles de l'antiquité: l'organisation féodale ne remplaçait qu'imparfaitement l'esclavage antique au point de vue de la disponibilité d'esprit du citoyen. D'un autre côté, les classes qui vivent de leur travail avaient déjà acquis une haute importance et nécessitaient dès lors un examen qu'Aristote avait pu se dispenser de faire. Enfin le publiciste français pensait et écrivait pour de vastes royaumes, et dès lors il eût dû étudier les conséquences du morcellement électoral, ce côté pénible de la question, dont le philosophe stagyrien n'avait point à se préoccuper.

Mais que l'opinion d'Aristote fût ou non déjà trop vieille du temps de Montesquieu, c'est ce que nous n'avons point à décider: il nous suffit d'observer qu'elle l'est à coup sûr aujourd'hui, que nous n'avons plus ni esclavage ni aristocratie, cette double cause de la disponibilité d'esprit du citoyen. Car Aristote ne s'est jamais efforcé de concevoir le citoyen autrement que libre de préoccupations personnelles : c'est la tâche de notre époque de le concevoir vivant de son travail. Nous pouvons donc sans crainte retourner à notre conclusion, et répéter que l'élection populaire est nécessairement en faveur du demi-mérite : nous pouvons même ajouter que, dans notre société, rien ne tend à amoindrir les conséquences du principe.

Au reste, ceux qui ne trouveraient pas dans cette considération générale et essentiellement logique un motif suffisant pour se ranger à notre manière de voir, en trouveront, je l'espère, en nous suivant sur le terrein plus rapproché des faits particuliers à notre situation électorale.

CHAPITRE III.

DU MORCELLEMENT ÉLECTORAL.

Dans les très petits États, tous les citoyens peuvent concourir à la fois à la nomination de chacun de leurs représentants, et dès lors chacun d'eux à concouru à la nomination de l'assemblée tout entière. Mais lorsque le territoire d'un peuple arrive à être de quelque étendue, on est obligé de le diviser en un certain nombre de circonscriptions électorales, et alors chaque citoyen n'a plus concouru à nommer qu'une portion de l'assemblée, portion en général très faible, d'autant plus faible enfin que le nombre des circonscriptions est plus grand.

On sent que les conséquences de l'élection par

le peuple d'une chambre souveraine, ou partie du pouvoir souverain, doivent varier profondément pour deux cas aussi évidemment distincts. Donc pour les étudier avec quelque netteté, il faut établir deux catégories d'États dans l'une desquelles chaque pays vient se ranger suivant que son étendue lui fait ou non une nécessité de se diviser en circonscriptions électorales. Ainsi, tous les peuples de l'antiquité, qui n'ont pas toujours vécu sous le gouvernement d'un seul, les villes libres d'Allemagne et les républiques italiennes du moyen âge, forment à cet égard une première famille; tandis que la France, l'Espagne, l'Angleterre, et plusieurs autres nations de l'Europe actuelle, se réunissent pour former la seconde.

Comme il n'entre pas dans notre plan de nous placer au point de vue général de la théorie, cette dernière sera seule l'objet d'une étude spéciale, et quand nous parlerons de la première, ce ne sera que pour nous aider des lumières du contraste.

CHAPITRE IV.

UNE PREMIÈRE CONSÉQUENCE DU MORCELLEMENT ÉLECTORAL.

Si l'on suppose que la petitesse du territoire permette au peuple de concourir tout entier à l'élection de chacun de ses représentants, il est clair que rien n'empêcherait qu'il n'assignât à chacun d'eux une destination spéciale; qu'il ne nommât, par exemple, tant de députés pour défendre les intérêts de la marine, tant pour ceux de l'agriculture, tant pour le commerce, etc. Alors la division du travail dans l'assemblée générale aurait sa source dans l'élection, c'est-à-dire dans l'origine même de l'assemblée, et par conséquent serait constante. Pour qu'il pût continuer d'en être ainsi, lorsque le pays se trouve séparé en plusieurs circonscriptions électorales, il faudait nécessairement de deux choses l'une : ou que l'on assignât à chaque circonscription l'espèce d'intérêts qu'elle aurait le droit de soutenir, la condamnant à l'inaction toutes les fois qu'il s'agirait des autres ; ou que chaque circonscription nommât au moins un membre pour chacune des sections qui, dans notre hypothèse, se trouvent composer la chambre totale. Mais de ces deux expédients l'un n'est à coup sûr pas plus admissible que l'autre.

Le premier exigerait un classement des divers colléges électoraux, trop difficile assurément pour qu'il soit défendu de le déclarer impossible. Mais quand même on parviendrait à l'effectuer avec quelque justice, un pareil système n'enlèverait-il pas aux élections ce caractère de politique générale, qui seul peut transformer les habitants d'une petite localité en citoyens d'une grande nation? Dès lors le principe de l'élection populaire ne manquerait-il pas à ce que nous avons précédemment déclaré le plus important de ses devoirs?

Quant au second, le nombre des intérêts qui doivent être représentés dans une assemblée destinée à diriger une civilisation aussi compliquée que la nôtre, et celui des divisions électorales que nécessite un royaume aussi étendu que la France, sont indubitablement deux nombres trop élevés pour que l'on puisse songer à multiplier l'un par l'autre pour obtenir le chiffre d'une assemblée délibérante. D'un autre côté, une pareille multitude ne fût-elle pas nécessairement confuse, il y aurait encore quelque chose d'absurde à faire nommer par certains colléges un représentant pour des intérêts qui se trouvent être en antagonisme avec les leurs. Qu'on se figure, par exemple, un collége à sucre de betteraves élisant un membre de la section maritime : au lieu d'un défenseur, il enverrait tout simplement un ennemi. De pareils contre-sens se renouvelleraient bien plus souvent qu'on ne serait tenté de le penser au premier abord. Aussi, loin d'avoir établi l'ordre dans l'assemblée, on aurait installé le désordre dans les sections.

Sans creuser plus avant dans cette double direction, qu'il me paraît suffisant d'indiquer, je crois pouvoir affirmer qu'en notre France actuelle une chambre des députés ne peut demander à son origine la source d'aucune classification de travail et de devoir.

C'est à coup sûr un mal que cette absence entière de toute espèce de spécialisation en une assemblée politique, et un mal d'autant plus grand, que les intérêts dont elle doit gouverner l'ensemble présentent un plus haut degré de complication. Il a été, du reste, plus ou moins nettement senti par quelques organes de notre journalisme : quand les *Débats* et la *Presse* prétendaient que ce qu'il fallait faire, c'était une réforme, non de la loi électorale, mais du règlement de la chambre, il est évident qu'ils se préoccupaient d'y apporter un remède. Mais, pour mon compte, je ne pense pas qu'il soit possible d'y trouver autre chose qu'un palliatif; car ce vice, ou, pour mieux dire, ce manque d'organisation, tient à la nature même de l'institution, et il faut bien se décider à laisser chaque chose vivre avec sa nature.

Je ne m'arrêterai pas pour le moment à développer quelles doivent être les suites de ce défaut de précision dans la mission de chaque député pris à part; je me bornerai à faire remarquer qu'une telle constitution de l'assemblée abandonne chaque membre à sa propre faiblesse. Plus tard, j'aurai naturellement occasion de signaler quelques-uns de ses plus funestes effets, et pareillement quelques-uns des avantages du système opposé, c'est-à-dire de la spécialisation du travail et du devoir. L'esprit du lecteur replacera facilement ici les conséquences de ces observations, et sentira dès lors que c'est au principe même de l'élection populaire qu'il doit en demander compte.

CHAPITRE V.

UNE AUTRE CONSÉQUENCE DU MORCELLEMENT ÉLECTORAL, OU DE L'INFLUENCE DE L'ESPRIT DE LOCALITÉ.

Une autre conséquence de la division d'un État en circonscriptions électorales, celle même qui se présente le plus vite à l'esprit, c'est que les intérêts généraux ne sont plus les seuls mobiles de la nomination des députés; qu'il leur faut céder une place, et une place bien large, aux mille et mille prétentions de la localité! Heureux, quand celle qu'ils parviennent à défendre n'est pas de beaucoup la plus petite!

On a beau écrire dans le texte d'une constitution que l'on n'est pas député de Saint-Denis, Fougères, ou Ploërmel, mais bien député de France, il n'en est et n'en restera pas moins vrai que, dès qu'on partage un royaume en un plus ou moins grand nombre de colléges électoraux, on a réuni ensemble par le fait même de ce partage une foule de petits intérêts, trop faibles pour se faire entendre tant qu'ils restent isolés, mais que leur réunion ne peut manquer de rendre aussi forts que hardis. Et puis l'élection des députés n'est-elle pas pour eux une occasion trop naturelle d'exposer leurs doléances, un moyen trop sûr d'exiger satisfaction, pour qu'il ne fût bien simple d'espérer qu'ils n'en profitassent pas? Ce sont des forces que l'on a pour ainsi dire créées en les agglomérant; il faut dès lors se résoudre à en tenir compte.

Sans doute, pour qui ne veut chercher la source et l'origine de l'autorité moderne que dans le seul principe de l'élection populaire, c'est un grand mal, un mal irremédiable que la mission du député ne conserve pas toute sa pureté politique, et que l'élu tienne à ses mandataires par d'autres liens que ceux de la communauté de ses opinions avec les leurs. Aussi la plupart des esprits démocrates ne veulent-ils voir dans cette influence de l'esprit de localité qu'une dégénérescence accidentelle, une déviation passagère d'une institution que sa nouveauté rend encore trop faible. Mais si, loin de là, cette influence est tout simplement une conséquence nécessaire des données actuelles du problème électoral, faut-il fermer les yeux à la lumière pour ne pas voir le mal? Faut-il espérer le détruire à force de le nier. Ne serait-il pas plus sage de quitter un point de vue d'où il paraît sans remède, ou, en d'autres termes, de cesser de demander à une assemblée nommée par le peuple ce qu'elle ne peut donner en un pays comme le nôtre?

Il y a tant de motifs pour que, la plupart du temps, ce qui se rattache aux besoins de l'endroit l'emporte dans l'esprit des électeurs sur des considérations d'un ordre plus élevé! Des intérêts de cette espèce touchent chacun d'eux, pour ainsi dire, personnellement : ils ont été la partie la plus élevée des préoccupations pratiques de toute sa vie; ils sont constamment sous ses yeux; ils font le sujet habituel de toutes les conversations qui l'entourent; enfin, ils ont sur leurs rivaux l'immense avantage d'être facilement saisis.

Qui ne comprend, en effet, qu'il serait très avantageux d'obtenir une route pour telle vallée qu'on habite, de faire canaliser sa rivière? Qui ne voit que telle petite ville aurait besoin de repaver une rue, d'être aidée dans la construction d'une mairie; que son église demande des réparations au-dessus du budget et de la piété du lieu.....; qu'il est grand temps, en un mot, qu'elle obtienne quelques secours du gouvernement? Ce sont là, je le repète, de ces choses qui sont à la portée de tout le monde, et, ce qui mérite attention, qui impressionnent vivement, par cela seul qu'elles sont nettement saisies. En pourrait-on dire autant, par exemple, du choix à faire entre l'État et les compagnies pour l'exécution des chemins de fer, d'une décision à prendre entre le sucre colonial et le sucre indigène, du plus ou moins de convenance d'une alliance commerciale avec le Brésil, ou tout autre État de l'Amérique du sud..... en un mot de toutes ces questions qui doivent le nom de politique à leur haut degré de généralité?

Plus les parties sont nombreuses, plus elles sont nécessairement petites par rapport au tout. Aussi faut-il bien le reconnaître, quand un royaume est, comme la Fance, divisé en quatre cents et quelques circonscriptions électorales, le centre de chacune d'elles ne saurait être un point bien élevé par rapport à l'ensemble du pays. L'horizon dont on y est maître n'en peut embrasser qu'une bien faible étendue, et, comme tout se tient, ce qu'on ne voit pas ne permet pas même d'apprécier ce qu'on voit. Dès lors comment espérer que des électeurs, condamnés pour la plupart à ne pouvoir faire leurs observations de plus haut, parviennent à réunir les éléments d'une conviction assez ferme pour faire taire devant elles toutes les exigences si pressantes de l'esprit de localité? Rappelons-nous que, dans les sociétés démocratiques, le loisir est chose trop exceptionnelle et trop rare pour que l'étude puisse suppléer à ce que les observations personnelles ont nécessairement d'incomplet dans tout État de quelque étendue; songeons dès lors que tous les avantages, toutes les chances de succès sont en faveur des questions les plus simples, de celles qui sont le plus rapprochées des masses et qui n'exigent pas d'efforts pour s'élever jusqu'à elles; qu'ainsi les considérations d'intérêt local verraient le plus souvent encore la balance électorale pencher de leur côté, quand même elles n'auraient pas pour auxiliaire l'égoïsme naturel à tout ce qui est une individualité, que ce soit une ville, une vallée ou un homme. Aussi le résultat de la lutte, quand il y a lutte, est chose facile à prévoir pour la majorité des cas : pour conserver quelque doute à cet égard, il faut tenir à ses affections plus qu'à la vérité ; il faut défendre ses illusions contre l'évidence même.

Sans doute un petit nombre de colléges électoraux échapperont à la règle commune, et se décideront dans le choix de leurs représentants d'après des vues d'intérêt général. Mais ce seront presque toujours ceux qui, placés au centre de l'État, se trouvent naturellement conduits par leur position à suivre la marche des affaires publiques, et qui en tout cas sont à peu près dans les mêmes conditions que s'il n'y avait pas de morcellement électoral. Ce seront encore certains colléges, pour lesquels l'intérêt de la localité se confond avec quelques-uns des grands intérêts du pays, ceux par exemple dont le chef-lieu se trouve être un port de mer....... Enfin que l'on parvienne ou non à ajouter quelques exceptions de plus à celles que j'avoue moi-même, ce que j'ai avancé n'en restera pas moins vrai pour l'immense majorité, et c'est ici le cas de dire que la majorité fait la loi.

Remarquons que, si l'opinion s'anime quelquefois d'une pensée générale, si le morcellement électoral disparaît sous une impression commune, ce n'est guère qu'à l'occasion d'une de ces questions que je crois pouvoir appeler de *sentiment*.

Par exemple, examinons un peu ce que c'est que la fameuse question des apanages ou dotations, ce que c'est que celle du droit de visite, ou celle d'Otaïti, etc. Ce que nous retrouvons au fond de la première, c'est avant tout un *sentiment* de répulsion pour tout ce qui se rapproche de l'ancien régime, ou seulement lui ressemble; et ce qui fait la gravité des deux autres, n'est-ce pas encore la susceptibilité du *sentiment* national, qui, à tort ou à raison, se figure que l'on tient trop de compte des exigences d'une puissance voisine. Qu'il y ait de graves intérêts compromis dans les affaires du droit de visite et d'Otaïti, c'est possible; mais, ce qui est certain, c'est qu'elles n'ont dû leur popularité qu'à ce côté sentimental que nous venons de signaler.

Qui pourrait douter, par exemple, que, sans le célèbre *manque d'égards de l'Angleterre* en 1840, le droit de visite n'eût passé inaperçu avec tous les intérêts qu'il aurait pu léser ?

Mais quand il s'agit de phénomènes politiques, la plupart des sentiments, je ne dis pas tous, mais je dis le plus grand nombre, ont leur raison d'être dans les antécédents du pays, ou, pour mieux dire, dans les actes des gouvernements antérieurs à l'époque que l'on considère. Ainsi, cette antipathie si générale, si prononcée contre tout ce qui porte le nom de dotation ou d'apanage, n'est-elle pas la conséquence de la direction imprimée aux esprits par ce qui fut longtemps le gouvernement pour la France, la révolution ? Quant à l'irritabilité de l'esprit public, sitôt qu'il s'agit de nos rapports avec la Grande-Bretagne, n'est-ce pas encore le résultat des traditions de toute notre histoire, aussi bien révolutionnaire que monarchique ? Dès lors on peut dire que, dans ces occasions diverses, où des considérations générales ont paru pouvoir tenir tête à l'esprit de localité, le corps électoral n'avait vraiment que les apparences de l'initiative, que la réalité appartenait tout entière à des temps qui ne sont plus; que là où on ne voyait au premier coup d'œil que de la spontanéité, que là où il ne paraissait prendre conseil que du moment, il était tout simplement passif, et qu'il était gouverné par notre passé.

Pour nous en mieux convaincre, observons son attitude en présence de certains problèmes, où l'initiative est réservée à notre époque. Je puis citer, entre autres, le choix à faire entre l'État et les compagnies pour l'exécution des chemins de fer, l'option entre le sucre colonial et le sucre indigène, le plus ou moins d'intimité qu'il convient de donner à nos relations avec les républiques naissantes de l'Amérique du Sud. Là, nous sommes nécessairement actifs, et ne saurions être passifs; nous ne sommes point gouvernés par nos pères, qui n'ont pu nous laisser à cet égard ni obligations, ni exemples : ce sont au contraire les décisions que nous aurons prises qui gouverneront nos arrière-neveux. Eh bien! malgré toute l'importance de ces hautes questions, le corps électoral ne paraît pas le moins du monde se préoccuper de l'espèce de solution qu'elles réclament. 150,000 votes seront accordés à des promesses de tronçons de chemins de fer ; il n'y en aura peut-être pas 3,000 qui aient pour but une décision entre l'État et les compagnies. Si l'on excepte les ports de mer, et les départements du nord où se cultive la betterave, où trouverons-nous un collége qui ait fait dépendre son choix de l'opinion des candidats sur cette grave affaire des sucres? Combien d'électeurs, étrangers aux contrées intéressées, se sont efforcés de reconnaître de quel côté se trouvait placé l'intérêt général du pays? Ceux de Paris doivent à leur position même une incontestable supériorité de vues, et cependant tout prouve qu'ils n'ont guère mieux que leurs collègues entrevu la gravité future d'une pareille question. Enfin, s'il n'y avait pas de vaisseaux anglais dans les eaux de la Plata, combien d'électeurs penseraient à l'avenir que les Français de Montévidéo peuvent préparer à leur patrie!

Mais, puisqu'il n'y a que les conséquences d'une politique antérieure qui trouvent l'opinion prête à se réunir en une détermination commune, que toute question qui commence la trouve inattentive ; puisque, apte à ressentir des sentiments généraux sous l'influence plus ou moins apparente de la tradition, elle ne l'est point à se créer d'elle-même des idées du même ordre, n'est-il pas évident que notre corps électoral, s'il était abandonné aux seules tendances qui naissent de son organisation même, quelque perfectionnée qu'on la suppose, s'il ne subissait de temps à autre l'action de quelque chose de supérieur à sa nature et qui l'élève au-dessus des facultés qui lui sont propres, n'est-il pas évident, dis-je, qu'il se préoccuperait de plus en plus des besoins particuliers à telle ou telle localité du royaume, que tôt ou tard rien ne le distrairait plus de ces préoccupations exclusivement matérielles, et qu'il finirait enfin par ne voir dans la chambre des députés qu'une espèce de concile des intérêts privés de nos quatre cents et quelques colléges?

Jusqu'à présent encore, notre passé, si plein de grandeur, nous a gouverné vaille que vaille; mais songeons que, si l'on s'en rapporte aux décisions électorales du soin de préparer des antécédents à ceux qui nous suivront, nos petits-fils n'auront pas de passé, et que pour eux alors l'esprit de localité sera sans contre-poids.

Dans l'ancienne société féodale, c'était chose facile que de lui en trouver un : aussi y était-on aisément parvenu, en unissant le morcellement électoral, suite nécessaire de l'étendue du royaume, au vote par ordre, conséquence toute naturelle de la constitution aristocratique du pays. Alors chaque député cessait d'être seulement député de telle ville ou de telle province, peu importe la grandeur de la circonscription électorale : il était avant tout député de tel ordre. S'il eût été donné aux états-généraux d'arriver à la périodicité, et de devenir par suite une véritable institution, on peut assurer sans crainte qu'ils n'eussent point ressenti, comme notre chambre des députés, les funestes influences du morcellement électoral, et cela quel qu'eût été d'ailleurs le système d'élection adopté. La lutte aurait eu lieu sur le terrein des questions sociales, et les intérêts de localité n'eussent immanquablement joué qu'un rôle subalterne. Aujourd'hui, tout est changé : notre société ne renferme plus aucune espèce de classifications, et si, comme je suis porté à le croire (1), il s'en relève de nouvelles, fondées sur l'analogie des travaux, elles seront à coup sûr trop nombreuses

(1) Je sais que les corporations ont été jugées par la révolution ; mais ce jugement peut-il être sans appel, quand on songe qu'il fut rendu dans la nuit du 4 août, dans cette nuit où toutes les inégalités tombèrent les unes sur les autres, sans qu'aucune d'elles ait obtenu, je ne dirai pas justice, mais ce qui du moins en est l'ombre, la faveur d'un examen ?

Pour mon compte, je ne puis songer à cette séance sans un certain effroi ; car, cette nuit-là, la révolution qui s'avance n'a-t-elle pas je ne sais quoi qui ressemble à la déesse que les anciens nous ont représentée avec une faux à la main et une tête sans yeux.

pour pouvoir se marier avec la division électorale. Car il ne faut pas perdre de vue que l'ancienne division en trois ordres devait une grande partie de son influence à sa simplicité même. Nous n'avons donc et ne pourrons jamais avoir à opposer à l'esprit de localité qu'une seule chose, le sentiment national ; et nous venons de voir qu'il doit prendre sa source ailleurs que dans l'intelligence politique des masses. En général, on peut dire que moins une société est aristocratique, plus les devoirs du gouvernement grandissent ; plus l'axiome libéral du *laissez faire* devient inadmissible ; en d'autres termes, plus l'opinion a besoin d'être conduite.

Nous venons d'étudier la nature des diverses causes qui décident de l'élection dans l'immense majorité des cas ; nous avons vu combien la multiplicité des circonscriptions électorales, la petitesse de chacune d'elles par rapport à l'ensemble du pays, et enfin le caractère démocratique de notre civilisation, tendaient à favoriser l'esprit de localité aux dépens des plus justes exigences de l'intérêt général. Est-il permis d'espérer que le député, une fois élu, trouvera en lui-même, c'est-à-dire dans la supériorité personnelle de ses vues, assez de volonté, assez de puissance pour réagir contre ce qu'il y a eu de mesquin et d'étroit dans les motifs de son élection? Je l'avoue, c'est là une espérance que je ne puis partager ; car il me paraît trop probable que la plupart des choix tomberont sur des hommes mal préparés à la vie politique, et que le plus souvent la nature des idées du représentant ne différera guère de celles des représentés.

Il est dans la nature des choses que la majorité des colléges choisissent un homme de l'endroit pour les représenter. D'abord l'intérêt local a toujours plus de confiance dans le député qui habite sur les lieux : un étranger ne s'intéresserait à lui que parce qu'il l'aurait promis, par calcul enfin et non par affection ; dès lors ses démarches pourraient se sentir de cette froideur naturelle à quiconque n'agit que poussé par les impressions des autres. D'un autre côté, aller chercher son représentant ailleurs, c'est avouer jusqu'à un certain point qu'on n'a pas chez soi d'hommes capables de l'être, et un pareil aveu blesse toujours celui qui est forcé de le faire. Aussi, lorsque l'esprit de localité se décide à faire taire son amour-propre, ce n'est jamais qu'en faveur d'hommes assez puissants pour l'indemniser largement d'un sacrifice aussi pénible. Mais des hommes très puissants, il n'y en a pas pour tout le monde; ce ne peut donc être là que de rares exceptions. Enfin un homme de l'arrondissement est bien mieux placé qu'un autre pour se servir d'une puissance toujours si grande, quand il s'agit d'élections : je veux parler de l'intrigue. Un étranger ne peut se présenter qu'avec un certain apparat; dès lors on ne le regarde qu'avec défiance : ses visites ne peuvent être en général que fort courtes; dès lors l'impression n'a pas le temps de devenir durable; et comme, d'un autre côté, elles ne sauraient être que très éloignées les unes des autres, il est bien difficile qu'il lutte avec quelque avantage contre cette influence de tous les jours comme de toute espèce qu'un homme riche exerce sur les lieux qu'il habite, influence d'autant plus vivace qu'elle existait longtemps avant qu'on la remarquât, et contre laquelle dès lors on ne pourrait songer à se défendre. Mais sauf le cas déjà cité des hommes très puissants, il ne saurait exister de doute sur l'issue de ce combat électoral ; la victoire restera presque toujours au candidat de la localité. Et malheureusement n'est-il pas de toute évidence que le plus grand nombre de nos arrondissements ne contiennent pas un seul homme que ses antécédents aient déjà préparé à une mission aussi haute que celle de député?

Qu'on songe avec quel soin les familles aristocratiques d'Angleterre s'efforcent de rendre leurs membres dignes de la vie publique : chaque Anglais destiné à jouer un rôle dans son pays a fait le tour de l'Europe à trente ans ; par l'entremise toute naturelle des ambassades, il a pu étudier sur les lieux les diverses questions sur lesquelles il sera appelé plus tard à donner son avis. A Venise, ce pays aristocrate par excellence, on n'avait pas cru que ce fût assez de la famille pour préparer des hommes d'État à la république. La république avait voulu intervenir elle-même : sur les vingt-cinq places de la seigneurie ou conseil du doge, cinq étaient réservées à des jeunes gens de vingt-cinq ans, qui, en assistant aux délibérations, se formaient à la vie politique, et comme le conseil se renouvelait tous les six mois, le nombre de ces élèves pouvait s'élever jusqu'à dix par année. Mais quand l'Angleterre et Venise ont regardé si nécessaire, et en même temps si difficile d'apprendre aux hommes à gouverner les autres, comment espérer que chacun de nos colléges électoraux, qui n'ont rien fait et ne pouvaient rien faire pour se former des députés, en trouvent cependant un tout prêt, sitôt qu'ils en auront besoin? ne sont-ils pas obligés de choisir entre des hommes qui ont vécu d'une vie toute personnelle, occupés de leur fortune, et qui n'ont cessé de penser à eux que pour s'occuper de petits intérêts de localité, sorte de questions d'un ordre souvent moins élevé que certaines spéculations individuelles. Il faut avoir le courage d'être vrai, et disons : Tout homme qui part de son arrondissement pour venir siéger à la chambre est condamné à faire son éducation tout entière ; toute sa vie passée ne sera pour lui qu'un obstacle : car l'habitude de ne voir que de petites choses nous conduit insensiblement à n'envisager que le petit côté des grandes.

Pour peu que le nouvel arrivant ait été élu dans un âge avancé, il n'est guère probable qu'il puisse jamais s'élever jusqu'à la hauteur de sa position législative. Car il n'est pas toujours temps de recommencer son éducation. Ce fut donc une mesure heureusement appropriée à la faiblesse de notre constitution électorale, lorsqu'en 1830 on abaissa jusqu'à trente ans la limite inférieure de l'éligibilité. Cette décision fut probablement plus heureusement que sagement prise : car elle ne fut à coup sûr point, comme elle aurait dû l'être, un acte d'humilité démocratique : ce fut tout simplement une concession au *laissez faire* et *laissez passer* libéral. Jugée du point de vue que j'indique, cette limite de trente ans eût probablement encore été abaissée plus bas, non qu'à trente ans l'homme ait cessé d'être éducable, mais parce qu'il ne faut pas attendre aussi tard que possible à préparer les hommes. Les longues vies politiques importent trop à la grandeur des États. Après tout, si l'on pouvait craindre que trop de jeunes députés n'envahissent le palais Bourbon, il serait toujours facile de limiter le nombre de ceux qui pourraient avoir moins de trente ans. On a pris une mesure analogue pour déterminer combien de députés chaque département pourrait prendre hors de son sein.

Il n'y a rien de peu important dans tout ce qui favorise le développement d'un certain nombre de capacités politiques dans la province, et surtout dans ce qui tend à les répartir avec uniformité sur la surface du sol : car, dans les sociétés démocratiques, les habitants des capitales tendent à former une espèce d'aristocratie, au point de vue de l'intelligence des affaires publiques. La présence du gouvernement frappe trop souvent leurs yeux pour ne pas frapper également leur esprit, et l'habitude de suivre, de contrôler ses actes devient inévitablement pour eux une véritable éducation politique, et à laquelle le reste du pays ne saurait, malgré la presse, participer au même degré. Sans doute, ce privilége de position existe depuis qu'il y a des capitales au monde ; si on l'a peu remarqué, c'est qu'il n'a produit que de petits effets, tant qu'il lui a fallu faire concurrence à une autre cause d'éducation politique, le privilége de la naissance. Mais, aujourd'hui que le second n'est plus, le premier ne peut manquer de faire valoir ses droits, et probablement avec trop d'arrogance. En effet, cette nouvelle espèce d'aristocratie étant, par sa nature même, concentrée en un seul point, serait, si elle devenait toute-puissante, peu propre à associer le reste du pays à l'activité de sa vie publique. Il est donc bon que les arrondissements puissent se former des hommes, et c'est leur en fournir un moyen que de ne pas les obliger à ne choisir leurs députés que quand ils ont cessé d'être éducables. Il est, au reste, bien à désirer qu'ils y parviennent d'une manière ou de l'autre ; car le haut mérite du député est, pour l'arrondissement qui le nomme, une source féconde de vie politique, mais surtout quand il y passe l'intervalle des sessions.

Sans doute, si l'on ne songeait qu'à la formation de l'esprit politique de la chambre, il faudrait bien se garder de se plaindre de ce que la plupart des choix électoraux ne se fixassent pas sur des intelligences d'élite. En effet, puisque nous avons reconnu que toute assemblée de l'espèce de celle qui siége au Palais-Bourbon ne peut se prêter à aucune classification fixe du travail législatif, il est évident qu'il ne saurait y avoir pour elle d'autre source d'ordre que la discipline des partis. Dès lors n'est-il pas pareillement clair qu'un trop grand nombre d'hommes supérieurs, de ces hommes qui semblent destinés au commandement, tendrait à la diviser à l'infini, et deviendrait par suite une cause d'anarchie que rien ne combattrait.

Mais si l'on se place au point de vue que nous avons quitté tout à l'heure, il faut avouer que ce n'est pas une des moindres faiblesses de la nature de notre chambre des députés, que de ne pouvoir renfermer dans son sein que très peu de supériorités véritables, sous peine de se voir troublée par leur présence même. Cette faiblesse, après tout, lui est commune avec tout corps parlementaire, où chaque membre ne saurait avoir une destination plus spécialisée que celle de l'assemblée entière.

CHAPITRE VI.

QUELQUES MOTS SUR UN DOUBLE PROJET DE RÉFORME ÉLECTORALE.

Pour parer aux inconvénients que nous venons de signaler comme découlant du morcellement électoral, bon nombre d'esprits sérieux croient qu'il suffirait d'abandonner le système actuel des colléges d'arrondissement et de le remplacer par le vote au chef-lieu.

Je l'avoue, il me paraît probable que la chambre des députés serait en général composée d'hommes plus forts. Pour arriver à la députation, il faudrait être connu de tout un département, ce qui suppose que les candidats se seraient occupés de questions d'une certaine étendue ; il faudrait presque toujours avoir été conseiller de département pendant quelques années, tandis que, dans le système actuel, il suffit très souvent d'occuper une maison d'une certaine grandeur. Toutefois, pour ne pas s'exagérer le bien à attendre d'une pareille réforme, il faut remarquer que l'espèce d'activité nécessaire pour se faire connaître d'un département ne porterait presque jamais que sur des questions d'intérêt matériel, et que dès lors elle serait peu de nature à préparer au côté politique des fonctions du député. Ce premier but ne serait donc pas complètement atteint : seulement on s'en serait approché.

Quant au second, je ne crains pas de dire qu'on s'en serait éloigné, du jour où cette nouvelle distribution électorale serait admise.

En effet, qu'on regarde attentivement une carte de France, et l'on reconnaît bientôt que notre patrie est divisée en un petit nombre de grandes vallées, telles que vallée de la Seine, vallée de la Garonne, vallée de la Loire, etc., et qu'à cette grande division naturelle du sol correspond une division analogue de la nature des produits, des industries, des ressources de chaque partie de la France, en un mot de ce que l'on appelle les intérêts matériels du pays. Eh bien! si l'on vient à y comparer ces petites divisions que l'on nomme arrondissements, on s'aperçoit sur-le-champ qu'elles ne sont nées, en général, de rien qui soit physiquement réel; qu'elles n'ont leur raison d'être que dans la difficulté de gouverner les hommes, et que la nature a dessiné bien plus largement sur le sol de la France que notre loi électorale actuelle. Si, au contraire, vous venez à rapprocher nos départements de cette même division naturelle, vous êtes frappé tout d'abord de l'analogie qui existe entre les deux. On voit bien vite que la deuxième n'est qu'une subdivision de la première, subdivision même qui trouve presque toujours son explication dans la nature physique. Ainsi, substituer le système des colléges de département à celui des colléges par arrondissement, ce serait agrandir et organiser l'esprit de localité ; ce serait lui donner pour base des intérêts matériels d'une existence sérieuse, tandis qu'aujourd'hui il ne repose que sur de petits amours-propres et de petites convoitises. On peut remarquer, sur les cartes de visites d'un grand nombre de nos représentants, qu'ils s'intitulent député de tel département et non de tel arrondissement. C'est avouer que la division par département correspond à quelque chose de beaucoup plus positif que la subdivision par arrondissement; car ils prennent naturellement pour y asseoir leur nom le piédestal qu'ils regardent comme le plus solide.

Quand on a décidé que les conseils-généraux se renouvelleraient par tiers et non par totalité, il est clair qu'on n'a pas voulu que tout un département se réunît sous l'action d'une élection commune, et apprît ainsi à se considérer comme un corps à part dans l'État; c'est-à-dire qu'on a voulu s'opposer à la formation d'un esprit départemental, ou au moins l'empêcher de devenir trop puissant, et on a eu raison : car, je le répète, il y aurait de graves inconvénients à donner une base aussi large à l'esprit de localité. Mais dès lors les auteurs de cette partie de la loi sur les conseils-généraux n'ont-ils pas répondu aux partisans des collèges par départements?

Ainsi, pour peu qu'on veuille y réfléchir avec quelque attention, on est forcé de reconnaître que cette réforme, proposée en faveur des questions politiques, pourrait au contraire leur porter un coup mortel. Il est probable qu'elle finirait par organiser la guerre civile des intérêts matériels; et, au milieu de la lutte, les intérêts politiques auraient bien de la peine à faire entendre leur voix. Grâce à la subdivision électorale actuelle, on pourrait dire aujourd'hui que ces derniers appliquent à leurs adversaires naturels la célèbre maxime : *Diviser pour régner*. S'ils ne parviennent cependant pas à en triompher, c'est que, dans notre constitution telle qu'elle est, ils n'ont pas de représentants convenables.

Nous sommes donc fondé à rejeter cette nouvelle division électorale de la France, parce que, des deux maux auxquels on l'oppose comme remède elle ne guérit qu'imparfaitement le premier et aggrave le second.

A ce double motif j'en ajoûterai deux autres.

D'abord toute division électorale doit respecter cette exigence des sociétés démocratiques, savoir que la vie politique n'y est possible qu'à la condition de ne déranger qu'extrêmement peu les préoccupations personnelles de cette espèce de société; et cette exigence, la division départementale ne la respecterait évidemment pas. En effet, demander à un électeur de se transporter à 15 ou 20 lieues de chez lui, c'est lui demander plus de temps et d'argent que la plupart n'en voudraient sacrifier à la chose publique. Quand on veut qu'une institution moralise les hommes, il faut qu'elle ait prise sur eux; il faut, s'il est nécessaire, l'abaisser jusqu'à leur bassesse.

Vouloir remédier au trop d'étendue des colléges départementaux par cette ingénieuse invention de l'élection à deux degrés, c'est avoir plus d'esprit que de bonne foi. En effet, l'intervention politique des électeurs du premier degré n'est-elle pas trop indirecte pour être prise au sérieux? Les conséquences d'un pareil suffrage se perdent nécessairement dans le vague; et le suffrage lui-même devient tout naturellement une simple affaire de politesse du pauvre au riche. Dès lors l'exercice du droit électoral se trouve impuissant à relever les masses au dessus de leurs préoccupations personnelles; dès lors il a manqué au premier de ses devoirs.

D'un autre côté, ne pourrait-on pas reprocher aux colléges départementaux de ne pas répartir avec assez d'uniformité les capacités politiques sur la surface du pays? Le retour du député pendant l'intervalle des sessions est une occasion de vie publique qu'il est important de saisir : il n'est pas de trop que chaque arrondissement ait le sien, et qu'il l'ait chez lui. A ce point de vue, les ex-députés servent encore l'opinion ; car les regrets et les espérances, ce qui souvent se confond, naissent de leurs souvenirs et se groupent autour de leur présence. En général, les députés, les ex-députés et les candidats forment l'aristocratie politique de notre pays, et toute aristocratie doit être répandue uniformément sur la surface du sol et y prendre racine par le plus grand nombre de points possibles. C'est une considération que l'on ne doit jamais perdre de vue, quand on s'occupe du problème des circonscriptions électorales.

CHAPITRE VII.

TROISIÈME CONSÉQUENCE DU MORCELLEMENT ÉLECTORAL, OU DU MANDAT TEMPORAIRE.

Une troisième conséquence du morcellement électoral, c'est que le représentant ne peut recevoir son mandat que pour un temps limité, et qui en général ne saurait être très long.

En effet, si ce mandat était accordé pour toute la vie, les électeurs ne seraient appelés à exercer leurs droits qu'à la mort de chaque député, et comme chaque député ne peut être élu que par une très faible partie de la nation, il n'y aurait jamais que des élections partielles. Dès lors l'exercice de ce droit politique perdrait tout prestige, tout caractère de grandeur : ne pouvant jamais être la cause d'une émotion commune, il deviendrait par là même incapable d'accomplir ce que plusieurs fois déjà nous avons appelé sa principale mission, celle de nationaliser les masses. Le mandat borné est donc inhérent à la nature de l'élection populaire, toutes les fois qu'il ne s'agit pas de l'appliquer à une nation d'une assez petite étendue pour qu'elle échappe au morcellement électoral.

Dans cette hypothèse, au contraire, rien n'empêche que l'élu du peuple ne soit investi pour toute sa vie de la puissance législative ; car chaque élection réunit toujours en un seul et même corps toutes les diverses parties du pays. Et puis, pourvu que l'assemblée contienne seulement trente membres et qu'ils ne puissent être élus, par exemple, qu'à quarante ans, l'exercice du droit électoral ne peut jamais être assez longtemps suspendu pour qu'il s'ensuive un engourdissement de l'opinion publique. C'est ainsi que les vingt-huit sénateurs de Sparte, quoique nommés par le peuple, l'étaient pour toute leur vie.

Si l'on tient compte à la fois et du temps que cette république conserva sa constitution, et de la haute influence qu'elle exerça sur les autres nations de la Grèce, on est porté à croire que ce ne fut point chose malheureuse que cette union du principe de l'élection populaire à celui d'une législature à vie. Cependant, sauf une petite bourgade de la Grèce, nommée Élis, je ne connais point de peuples de l'antiquité qui aient imité la gérousie lacédémonienne; je n'en connais pas davantage ni parmi les villes libres d'Allemagne du moyen âge, ni parmi les nombreuses républiques italiennes de la même époque : toutes ont accepté librement et sans crainte les conséquences du mandat borné.

Nous qui sommes forcés de les subir pour notre chambre des députés, examinons quelles elles sont.

La première conséquence du mandat borné c'est de rendre la position des députés trop peu stable pour qu'elle puisse être indépendante; c'est de les réduire à faire un choix entre deux espèces de servitudes, dont il leur faut subir l'une ou l'autre, et quelquefois toutes les deux.

Ainsi, pour les uns, le titre de représentant de son pays est quelque chose de trop accidentel pour qu'il ne soit pas prudent de s'en munir d'un autre : à leurs yeux, la députation est tout simplement le marche-pied de l'ambition administrative; et dès lors la partie exécutive du pouvoir, celle qui distribue les places, tient entre ses mains leurs espérances et leurs boules.

Pour les autres, l'honneur d'une si haute mission politique est ce qu'il faut avant tout conserver. Ceux-là sans doute n'obéissent pas au même maître; mais sont-ils réellement bien plus libres? Je n'insisterai point, car j'en ai déjà parlé, sur cette avidité électorale dont ils sont condamnés à subir les exigences toujours renaissantes, sur toutes ces pétitions de villes, de bourgades, d'individus qui demandent à la fois, les uns une route ou un pont, les autres de l'argent ou des places ; je me bornerai à n'envisager que l'influence réciproque des opinions politiques de l'électeur et de l'élu. Cependant ces mille prétentions étrangères à la politique, il faut, sinon les satisfaire, du moins les flatter toutes, même les moins fondées : car pour le député qui veut être réélu, chaque espoir qui s'éteint peut être une voix qui se perd.

Il est certain qu'un grand nombre de questions seront envisagées par l'électeur et l'élu sous des faces tout à fait différentes. Car à mesure qu'on s'élève sur la montagne, des points de vue inconnus de la plaine se découvrent aux yeux; et comme le jugement des hommes s'élève avec leur situation, n'est-il pas plus certain encore que la raison sera bien souvent du côté de l'élu? Ce dernier dès lors se trouve réduit ou à voter contre sa propre expérience, contre la supériorité même de sa position, ou à venir se heurter contre la puissance qui l'a fait ce qu'il est, et qui demain peut-être sera appelée à prononcer s'il n'a pas assez vécu.

Pour l'homme qui sait qu'il restera ce qu'il est, qu'il plaise ou qu'il déplaise, il est facile d'attendre que les évènements viennent lui donner raison. Mais, quand on n'ignore pas que le jugement sera probablement prononcé avant que le temps ait réuni les preuves, ce calme et cette patience exigent un trop grand courage pour qu'il soit raisonnable de le demander à la nature humaine. Cessons donc de nous étonner si chaque membre d'une chambre élective à mandat borné ne peut dominer de bien haut les émotions passagères de la foule électorale : car, malheureusement, avec le mandat borné, tout député n'est jamais qu'un candidat ; quand il a cessé de l'être pour la réélection prochaine, c'est qu'il l'est devenu pour une place, et bon nombre d'entre eux s'arrangent de manière à l'être aux deux choses à la fois.

Dira-t-on que ces diverses causes, qui tendent à détruire l'indépendance du représentant, seront combattues et vaincues par le sentiment du devoir politique?

J'admettrai volontiers qu'il y aura lutte; mais je ne saurais être rassuré sur l'issue de ce combat.

Il y a trop de différence entre le devoir qui doit être celui de toute notre vie, et celui qui peut un jour cesser d'être le nôtre. Le premier se sent, je ne dirai pas plus vivement, mais bien, plus profondément que le second: peu à peu on s'identifie avec lui, il finit par devenir comme une partie de nous-mêmes; et pour certains hommes, cesser de lui obéir est une espèce de suicide. Pourrait-on en dire autant du deuxième? N'oublions donc pas qu'il n'y a que les fonctions inamovibles pour lesquelles le sentiment du devoir n'ait pas à se défendre contre celui de la conservation, cet ennemi dont il est si rarement vainqueur.

Enfin, chaque député pris à part n'est pas plus attaché à la marine qu'à l'agriculture, qu'à l'industrie, etc.; il n'y a vraiment de précisé dans sa mission que ce qui regarde les intérêts de son arrondissement. Eh bien! cette généralité, que la faiblesse humaine nous donne quelque droit d'appeler confusion, affaiblit nécessairement l'autorité du devoir en le rendant trop vague, en ne lui laissant rien de personnel à chaque membre.

Nous venons d'étudier quelle espèce d'influence le mandat borné devait exercer sur l'indépendance de chaque représentant considéré isolément; nous avons vu combien peu il lui laissait soit de liberté d'action, soit de disponibilité d'esprit, je dirais même de corps : examinons maintenant quelle est la nature de son action sur l'assemblée entière, envisagée alors comme ne faisant qu'un seul et même tout.

Comme une chambre à mandat borné peut se renouveler de deux manières, soit par totalité, soit par partie, nous allons nous placer successivement dans l'une et dans l'autre de ces deux hypothèses.

Si l'on adopte le renouvellement par totalité, il est bien difficile de concevoir comment une pareille assemblée pourra parvenir à se créer une politique suivie. L'état des esprits, au moment de l'élection générale, devient une force qui, dans une telle institution, ne me paraît avoir aucune espèce de contre-poids. A cette époque de rénovation, le passé comme l'avenir sont exposés à se voir offrir en sacrifice à l'exaltation du moment, et l'on sait tout ce qu'il y a de passager, souvent de superficiel, mais toujours d'exagéré dans les impressions de la foule. Dans une semblable assemblée, rien ne tend à développer, rien ne protége ces tendances traditionnelles, cet esprit de suite, sans lesquels il ne saurait y avoir de vie nationale, car la vie n'admet pas plus en politique qu'en physiologie qu'un corps puisse renouveler au même instant tous les éléments qui le composent. De si brusques changements ne font jamais que détruire.

Qu'on se rappelle notre parallèle des cours de l'Asie avec celles de l'Europe; nous avions remarqué que les premières, se formant ou se dissipant suivant la volonté toujours capricieuse du maître, étaient par là même exposées à de trop brusques renouvellements, pour qu'aucune tendance traditionnelle pût grandir dans leur sein. Ne peut-on pas dire que toute assemblée qui se renouvelle par totalité se trouve, jusqu'à un certain point, dans une position analogue? Seulement, pour elle, le prince ou le tyran, comme vous voudrez dire, c'est l'opinion du jour.

Qu'on ne dise pas qu'on trouverait le remède dans une grande longueur du mandat. Sans doute, le mal serait plus rare; mais il n'en existerait pas moins, et quelquefois même il pourrait n'être que plus grand. En effet, qu'une législature vive cinq ou dix ans, elle ne saurait être en état, pas plus dans un cas que dans l'autre, d'imprimer à ses œuvres un vrai caractère de durée, de leur donner une solidité telle qu'elles puissent résister à la fantaisie d'une élection générale. Dans les phénomènes sociaux, il n'y a que le mal qui s'achève si vite. D'un autre côté, ce que nous avons dit du besoin que nos nationalités modernes éprouvent de venir se retremper dans l'exercice du droit électoral ne permet pas de songer à séparer chaque élection par un bien grand intervalle de temps.

Sera-t-on plus heureux, si l'on donne la préférence au renouvellement par partie, c'est-à-dire si le corps électoral n'est appelé à nommer à chaque fois qu'une certaine portion de l'assemblée, soit une moitié, soit un tiers, soit un quart ou toute autre fraction? On ne saurait nier que ce dernier mode ne soit moins défavorable à l'esprit conservateur; surtout si la portion renouvelée est moins forte que celle que l'on conserve. Cependant je pense qu'il se rencontrerait encore bon nombre d'occasions où le renouvellement d'un tiers, même d'un quart de la chambre, produirait des perturbations graves, et cela toutes les fois que l'élection aurait lieu sous l'impression d'une émotion trop vive. Car il ne faut pas oublier que le présent à toujours pour lui les passions ardentes, et que, pour couvrir les conseils naturellement calmes de la tradition, il n'a pas toujours besoin de la supériorité du nombre. Aussi, pour que l'esprit de l'assemblée eût de véritables chances de résister aux secousses extérieures, il faudrait qu'elle ne se renouvelât que par fractions très petites, comme en Suède, par exemple, où le renouvellement à lieu par dixième. Mais quand même un mode de renouvellement partiel heureusement choisi mettrait la politique à l'abri de tous les hasards de l'actualité, il est encore plusieurs ordres de raisons qui ne permettraient guère d'admettre une semblable représentation du pays.

C'est déjà chose mauvaise que de partager une chambre en anciens et nouveaux. C'est y établir une source de division qui ne repose pas sur les différences d'opinions, qui ne se justifie pas par une appréciation diverse d'intérêts réels du pays.

D'un autre côté, pour un grand nombre de questions, pour toutes celles qui n'intéressent qu'inégalement les différentes contrées d'un même royaume, c'est commettre une grande injustice que de ne consulter qu'une certaine portion du corps électoral : c'est s'exposer à ce que la partie intéressée se trouve quelquefois juge en sa propre cause. Cependant l'on y serait nécessairement contraint, toutes les fois qu'une question de ce genre se trouverait à l'ordre du jour à l'approche des élections partielles. Car il est évident qu'on éprouverait des difficultés insurmontables, si l'on voulait grouper les circonscriptions électorales qui devraient fonctionner ensemble, d'après des considérations destinées à obvier à cette sorte d'inconvénients.

Une autre considération encore, c'est que le renouvellement partiel ôte aux élections ce caractère de grandeur qui résulte de ce qu'elles sont générales ; c'est que dès lors il amoindrit la vie politique, car plusieurs petites choses ne remplacent jamais une grande(1). Enfin ne tend-il pas

(1) Il y a dans la vie électorale du peuple hongrois une

aussi à habituer une nation à se considérer comme la réunion de parties diverses, destinées à agir séparément, et par conséquent à penser de même? N'est-ce pas jeter dans son sein les germes d'un antagonisme d'autant plus dangereux que la cause en serait constante, et que les forces opposées seraient trop grandes pour obéir facilement? En un mot, avec ce système de représentation, le principe de l'élection populaire cesse de devenir ce puissant moyen de nationalisation, duquel les sociétés démocratiques me semblent destinées à attendre leur salut.

Au reste les législateurs qui ont donné des

particularité qui mérite assurément de fixer l'attention.

A la même époque où l'on élit les députés qui doivent aller siéger à la table des États (c'est le nom de la chambre élective en Hongrie), on élit en même temps tous les fonctionnaires publics depuis le palatin jusqu'au dernier collecteur d'impôts. Ces élections ont lieu tous les trois ans et portent à juste titre le nom si expressif de *restauration* : c'est qu'en effet il s'agit de restaurer l'édifice social tout entier.

Cet ensemble, cette simultanéité d'une action aussi générale peut sans doute présenter de graves inconvénients; mais on ne saurait nier qu'elle ne soit une remarquable source de grandeur pour la vie politique.

constitutions aux États-Unis, au Portugal, à l'Espagne, paraissent avoir reconnu, comme nous venons de le faire, que ni l'un ni l'autre de ces deux systèmes n'était sans conséquences fâcheuses.

Mais, en les réunissant tous deux ensemble, ils ont espéré neutraliser les inconvénients du premier par les avantages du second. En admettant une chambre à renouvellement partiel, ils ont cru remédier à ces secousses politiques inhérentes au renouvellement total, secousses évidemment incompatibles avec tout esprit de suite ; et en y joignant une seconde assemblée qui se renouvelât par totalité, ils se sont pareillement flattés de conserver au principe de l'élection populaire tout son caractère de grandeur, toute son énergie nationalisatrice. C'est sans doute pour que ce dernier but fût mieux atteint encore qu'ils ont voulu que le renouvellement partiel eût toujours lieu en même temps que le renouvellement total ; et que dès lors ils ont assigné au mandat législatif des membres de la première chambre une longueur justement égale à la durée de celui de la seconde, multipliée par le nombre des sections de renouvellement. Il est au reste à remarquer que cette sorte de relation tend à préciser encore davantage la mission conservatrice de la première. Ainsi, aux États-Unis, où les représentants sont nommés pour deux ans et où les sénateurs se renouvellent par tiers, ces derniers sont nommés pour six ans ; en Espagne, où les sénateurs se renouvellent également par tiers, mais où les députés sont élus pour trois ans, les sénateurs se trouvent l'être pour neuf. De cette manière, il n'y a jamais d'élections partielles ; une partie du pays ne jouit point séparément de la vie électorale et ne se trouve pas par suite insensiblement amenée à se regarder comme un corps à part (1).

(1) En Belgique, bien qu'on eût demandé au principe de l'élection par le peuple deux chambres distinctes, on n'a pas su éviter cette cause de désunion : car toutes les deux se renouvellent par moitié, et comme les sénateurs sont nommés pour huit ans, tandis que les représentants ne le sont que pour quatre, il y a nécessairement tous les quatre ans scission du pays en deux parts, dont l'une renouvelle la moitié des représentants, tandis que l'autre reste condamnée à l'inaction. C'est à coup sûr un vice dans la constitution belge.

Mais, quelque ingénieuse que cette combinaison puisse paraître au premier coup d'œil, elle a cependant un grand défaut : celui de n'être point simple, et d'être par là même peu propre à agir sur l'esprit des masses. Le bon sens populaire, assez sagace quand il critique, se refuse à reconnaître deux forces de nature distincte là où il n'y a guère de différent que les noms, un peu la forme, mais où le fond du principe reste toujours le même. Aussi l'opinion fait-elle presque fatalement un choix entre ces deux organes qu'on lui a donnés ; elle finit par ne prêter que peu d'attention à celui qui n'a pas obtenu sa préférence. Et il est bien entendu que le meilleur moyen de l'obtenir sera toujours de rendre ses impressions du moment avec le plus de rapidité.

Au fond, l'opinion a-t-elle bien tort? Elle ne sent ni dans l'une ni dans l'autre des ces deux chambres rien qui soit d'une nature supérieure à la sienne, et qui, en raison même de cette supériorité de nature, ait des droits à lui parler en maître, et soit vraiment capable de lui imprimer une direction. Elle sent que ce qu'on voudrait lui faire prendre pour tel n'est réellement que de la résistance ; et dès lors si elle est forcée de s'en occuper, ce ne sera que pour la vaincre ou la briser, mais non pour la respecter. En définitive, le respect ne saurait naître de la simple faculté de résister quelque temps.

C'est donc s'abuser, ou du moins je le pense, que de croire que la réunion des deux modes de renouvellement puisse suffire à neutraliser ce qu'il y a de funeste dans les conséquences du mandat-borné. Pour s'élever jusqu'à l'esprit de suite, et c'est surtout vrai pour les grands États, il faut que le pouvoir législatif renferme en lui-même quelque chose d'indépendant de l'opinion publique, qui soit, je le répete, d'une autre nature qu'elle, et qui, à ce titre, puisse lui commander le respect. Malheureusement, avec un mandat borné quant au temps, cette indépendance pleine et entière est chose qui est et restera éternellement impossible.

CHAPITRE VIII.

QUELQUES PRÉSOMPTIONS HISTORIQUES.

Il est toujours prudent de joindre l'autorité des faits à celle de la raison. Maintenant que de simples considérations de logique nous ont amené à regarder comme insuffisante toute espèce de législature à mandat borné quant au temps, nous allons jeter un coup d'œil sur l'histoire des gouvernements parlementaires.

C'est à coup sûr Rome, Carthage, Sparte, Athènes pour l'antiquité, et l'Angleterre pour les temps modernes, qui en remplissent les plus belles pages (1). Eh bien! Rome avait son sénat, dont tous les membres étaient à vie, quel que fût le titre auquel ils fussent redevables de cette haute dignité (2) : car on sent que l'on ne doit pas tenir compte de ce droit en vertu duquel les censeurs excluaient du sénat pour cause

(1) Je ne parle point des États-Unis. D'abord ils sont d'une formation encore trop récente pour que l'expérience ait eu le temps de prononcer sur leur constitution. Mais il y a surtout quelque chose de trop exceptionnel dans la place qu'ils occupent dans le monde, pour qu'il soit permis de tirer des conclusions générales de leur histoire : en effet, l'absence de tout peuple civilisé pour voisins, cette espèce de vide politique où ils se trouvent placés suffit peut-être pour expliquer leur développement si extraordinairement rapide, et permet au moins d'en suspecter la nature.

(2) L'on devenait sénateur de droit, dès qu'on avait été soit consul, soit censeur, soit questeur, soit préteur, ou l'un des deux édiles qui avaient droit à la chaise curule, c'est-à-dire dès que l'on avait exercé l'une des cinq charges curules.

D'un autre côté, comme ce premier mode de renouvellement ne pouvait suffire à combler tous les vides que devait faire la mort dans une assemblée aussi nombreuse que le sénat romain (il fut constamment composé de trois cents membres depuis Tarquin l'ancien jusqu'à Jules César qui le porta à neuf cents), on avait chargé les censeurs, et avant eux les consuls, d'élever à la dignité de

d'indignité : l'exercice d'un semblable droit était nécessairement chose trop exceptionnelle et trop rare. Carthage avait deux assemblées délibérantes ; mais l'une d'entre elles, le conseil des cent quatre, était composée de membres également à vie : ils se recrutaient eux-mêmes à la mort de chacun de leurs collègues. A Athènes, comme on le sait, la dignité d'aréopagiste était inamovible. A Sparte, les vingt-huit sénateurs de la gérousie étaient, il est vrai, nommés par le peuple ; mais ils l'étaient pour toute leur vie, et, le jour de leur élection, il avaient à jamais cessé d'être des candidats. Quant à l'Angleterre, il est clair que la chambre des lords doit être considérée comme une véritable assemblée viagère, quoique les seize pairs qui y représentent l'Écosse ne siégent qu'en vertu d'une élection valable seulement pour un parlement : une si petite exception ne saurait altérer en rien la nature d'une assemblée qui renferme quatre

sénateur ceux des citoyens qui leur paraissaient le plus dignes de remplir les places restées vacantes.

cents et quelques membres (1). Ainsi Rome, Carthage, Athènes, Sparte, l'Angleterre ont, les unes comme les autres, une législature à vie. N'est-il donc pas digne de remarque que ces peuples divers, qui ont entre eux l'analogie d'une si haute fortune, aient encore cette autre, de s'être placés tous les cinq sous la tutelle d'une assemblée viagère?

Je ne prétends point que cette condition suffise à elle seule pour expliquer le rôle qu'ils ont joué sur la scène du monde. Mais si elle n'est pas suffisante, je crois pouvoir soutenir qu'elle est nécessaire, et l'on ne saurait nier que l'his-

(1) La chambre des lords anglais est composée de 410 membres, dont 26 lords spirituels, savoir 2 archevêques et 24 évêques, et 384 lords temporels. Les lords spirituels siégent en vertu de droits attachés à leurs évêchés ou archevêchés, et par conséquent sont pairs à vie, comme ils sont évêques à vie. Sur les 384 lords temporels, 340 représentent l'Angleterre et siégent par droit de naissance, 28 représentent l'Irlande; ils sont élus par les anciens pairs d'Irlande et pour toute leur vie. Quant à ceux qui représentent l'Écosse, ils sont également élus par les anciens pairs d'Écosse, mais seulement pour un parlement : il faut ajouter, il est vrai, qu'ils sont presque toujours réélus.

toire ne semble me donner raison, puisque je la retrouve partout où le gouvernement parlementaire a brillé du plus vif éclat.

Enfin je la cherche vainement dans toutes les nombreuses républiques du moyen âge italien (1), et je ne trouve à sa place : à l'intérieur, qu'une suite de révolutions qui se précipitent les unes sur les autres, comme les flots de la mer; à l'extérieur, qu'une absence d'esprit de conduite dans les relations internationales, telle que le pays d'Europe qui est arrivé le plus

(1) Si je ne cite pas le grand-conseil de Venise comme faisant exception à ce que j'avance, c'est qu'il me paraît devoir être considéré comme une véritable assemblée du peuple. En effet, tous les nobles avaient droit d'en faire partie dès qu'ils avaient vingt-cinq ans; et, comme tous les Vénitiens qui n'étaient pas nobles ne jouissaient d'aucune espèce de droit politique, politiquement parlant on doit dire que la noblesse c'était le peuple tout entier : le reste n'était rien.

Je suis au reste porté à croire que c'est bien moins à la forme du gouvernement de Venise qu'à son organisation si nettement aristocratique qu'il faut demander l'explication de la haute influence de cette république; et nous, nous n'avons à nous occuper ici que des formes de gouvernement.

vite à l'unité de langage et à celle des mœurs, qui la suit, n'a jamais pu s'élever jusqu'à l'unité nationale ; et cela, bien qu'une attaque commune lui ait plusieurs fois conseillé de se réunir en un seul et même corps.

Je la cherche vainement encore dans toute l'antiquité grecque ; car la petite ville d'Elis fut probablement la seule où le pouvoir se soit trouvé placé dans une assemblée viagère. Aristote, qui la cite pour cette ressemblance avec Sparte, n'eût pas manqué de faire connaître les cités plus importantes qui auraient eu la même analogie. Eh bien ! comme en Italie, je ne trouve à sa place dans toutes les républiques grecques que des tyrannies successives, c'est-à-dire des constitutions éphémères, que renverse le premier audacieux.

Mais n'est-ce donc pas assez clairement dire qu'il n'y a point de stabilité possible pour tout gouvernement parlementaire qui ne s'appuie pas sur une assemblée dont les membres soient à vie, et par conséquent ne se renouvellent que par la lente et insensible action de la mort ?

CONCLUSION

DE LA DEUXIÈME PARTIE.

J'arrêterai là cet examen critique des conséquences qui naissent du principe de l'élection populaire, sitôt qu'on l'applique à un vaste royaume, à une civilisation aussi compliquée que la nôtre. Je l'ai, je pense, conduit assez loin pour démontrer que, dans l'état actuel de la société française, toute assemblée élue par le peuple ne peut à elle seule remplir l'ensemble des devoirs imposés au pouvoir parlementaire.

Comment espérer, en effet, qu'elle puisse jamais s'élever jusqu'au rôle de guide de l'opinion publique? N'avons-nous pas reconnu que, par le fait même de son origine populaire, elle ouvrait trop facilement ses portes au demi-mérite; que, de plus, dans un pays comme le nôtre, le morcellement électoral, en la condamnant à ne recevoir qu'un mandat temporaire, la condamnait par contre-coup à rester éternellement dépendante des masses qui la nomment; et qu'en raison de ce double motif, elle se trouvait nécessairement impuissante à réagir contre ce qu'il y a de tendances étroites et mesquines dans le corps électoral d'un empire aussi étendu que la France, et emporté comme elle vers la démocratie?

Ainsi, si nous avons eu raison de soutenir que notre patrie, soit qu'on l'envisage du point de vue géographique, soit qu'on l'étudie dans son organisation sociale, est désormais constituée d'une manière trop compliquée, et surtout trop peu nette pour que les intérêts qu'elle renferme se réunissent d'eux-mêmes en une politique suivie;

si, loin de là, comme nous l'avons suffisamment prouvé, l'esprit public ne peut aujourd'hui devenir de l'esprit national qu'à la condition d'être dirigé, d'être à chaque instant, et le plus souvent sans qu'il s'en doute, entraîné par les conséquences d'un passé préparé d'avance, qu'à la condition, en un mot, de ne s'animer que d'une vie de réaction, quand même l'action primitive se cacherait au-dessous d'une première apparence; si, par conséquent, nous sommes fondé à soutenir que l'opinion publique n'eut jamais autant besoin d'être conduite que de nos jours, il est dès lors évident qu'il faut chercher ailleurs que dans l'urne populaire cette direction permanente et fixe qui doit devenir le centre et surtout la cause de l'activité politique de tous. Car nous venons de le dire, il n'est point dans la nature d'une chambre des députés d'être autre chose que la représentation de l'intelligence politique du pays : elle n'est propre qu'à organiser l'exécution de la volonté générale; mais elle ne peut l'être à créer, ni même à développer les germes de cette pensée naissante qui toujours précède la volonté.

Mais comme nous sommes cependant convaincu que c'est dans l'élément parlementaire que doit résider l'âme des gouvernements constitutionnels, nous nous trouvons contraints de reconnaître combien il est nécessaire de faire découler une partie du pouvoir parlementaire d'une source autre que l'élection par le peuple.

Cherchons dès lors à découvrir cette source.

Toutefois, avant de terminer ce que je me suis proposé de dire sur la chambre des députés, avant d'entreprendre cette troisième et dernière partie de mon travail, je dois peut-être compte de mon silence sur un ordre de questions que l'on pouvait s'attendre à me voir développer ici : il est clair que je veux parler de la question des incompatibilités, de celle de l'avancement des députés fonctionnaires, de l'admission de la deuxième liste du jury aux droits électoraux, de cette partie enfin des idées de réforme à la réalisation desquelles l'opposition croit devoir borner, pour le moment, son espérance et ses efforts.

Si je n'en ai pas parlé, pas plus que de l'abaissement du cens, que désire la partie radicale de la chambre, c'est que de ces modifications, les unes, telles que l'admission de la deuxième liste du jury et l'abaissement du cens, ne paraissent avoir aucune influence sur l'espèce d'impuissance que j'ai signalée comme inhérente à la nature même de notre chambre des députés, tandis que les deux autres ne me semblent en avoir qu'une fort médiocre et de très peu d'importance. Sans doute cette double question des incompatibilités et de l'avancement du député fonctionnaire regarde l'indépendance de la chambre; mais elle ne regarde pas cette indépendance toute spéciale, sur laquelle j'ai cru devoir insister davantage, celle de l'élu par rapport aux électeurs. Quant au plus ou moins de dépendance du député vis-à-vis de la partie exécutive du pouvoir, ou, pour mieux dire, distributrice des places, je n'en ai dit, comme on peut se le rappeler, que deux mots en passant ; il était donc naturel que je laissasse sous silence ce double remède destiné à guérir un mal dont je n'ai pas cru présentement utile de m'occuper.

Mais lorsqu'il s'est agi de réformes qui pouvaient modifier le genre de défauts que j'ai reprochés à notre assemblée élue par le peuple, et sur lesquels par suite il m'a paru urgent d'appeler l'attention publique, je me suis efforcé d'en juger la valeur avec le plus de justice possible. J'ai discuté du choix à faire entre les colléges d'arrondissements et ceux de départements, entre l'élection à un seul degré et celle à plusieurs degrés ; j'ai comparé entre eux le renouvellement par totalité et le renouvellement partiel ; j'ai apprécié enfin les avantages que l'on pourrait espérer de la réunion de ces deux systèmes combinés l'un avec l'autre.

Car je répèterai, en terminant cette étude des conséquences de l'élection populaire, ce que j'ai dit en la commençant : c'est que du sujet qui m'occupe je ne veux traiter et développer les différentes parties qu'en raison de leur importance actuelle.

TROISIÈME PARTIE.

DE LA CHAMBRE DES PAIRS.

CHAPITRE Ier.

PREMIER APERÇU DE SA CONSTITUTION NOUVELLE.

Depuis près de trente ans, en France, la dénomination de chambre des pairs sert à désigner la partie de notre parlement qui n'est point élue par le peuple. Bien que cette dénomination réveille des souvenirs historiques sans analogie dans la société actuelle, comme dans les idées que nous allons développer, et que, dès lors, elle ne puisse plus avoir pour nous qu'une valeur négative, nous n'essayerons pas de lui en substituer une autre plus en rapport avec la nature de l'assemblée dont nous nous proposons d'esquisser l'organisation. C'est déjà quelque chose d'avoir vécu trente ans.

En traitant de la chambre des députés, nous avons signalé quatre principaux vices comme inhérents à la nature de toute assemblée élue par le peuple en un pays tel que le nôtre, et, comme on peut se le rappeler, ils ont été pour nous quatre motifs distincts de la déclarer incapable de s'acquitter du rôle de guide de l'opinion publique. Il nous suffira d'en prendre le contre-pied, pour arriver à un premier aperçu de la constitution de cette deuxième chambre que nous destinons à suppléer à son insuffisance. Ces vices tiraient leur origine du principe même de l'élection populaire. En cessant de la prendre pour point de départ, il est tout naturel que nous échappions à ses funestes conséquences.

1° Nous avons reproché à une chambre élue par le peuple de ne pouvoir recevoir en France autre chose qu'un mandat temporaire, et d'être par contre-coup incapable d'exercer une direction fixe et continue sur l'opinion publique. Donc notre chambre des pairs devra être une législature à vie.

2° Nous avons reconnu que la mission de nos représentants était, politiquement parlant, quelque chose de trop peu précis; que chacun d'eux n'étant pas destiné à s'occuper plus spécialement d'une question que d'une autre, c'était une raison pour qu'il les traitât toutes d'une manière confuse; que ses devoirs n'étant guère mieux définis que le sujet du livre de la Mirandole, *de omni re scibili et quibusdam aliis*, c'était une raison pour qu'ils ne fussent que peu vivement sentis, et que, par suite, la fonction de député écrasât l'homme au lieu de le grandir. Nous soustrairons la chambre des pairs à cette cause énervante, en la divisant en sections correspondantes aux grands intérêts du pays, telles que section de l'agriculture, section de la guerre, section de la marine, etc., et pour que cette division en sections soit aussi précisée que possible, pour qu'elle soit à l'abri de toute perturbation passagère, le nombre des membres de chacune d'elles sera déterminé une fois pour toutes, et dorénavant invariable.

Il est bien entendu que cette division en sections n'empêchera pas que les décisions de l'assemblée ne se prennent à la pluralité des voix, et après une discussion commune ; elle trouvera seulement son application naturelle dans les travaux préparatoires. Quant à ses autres avantages, nous en parlerons plus tard.

3° Enfin, nous avons pareillement reconnu que faire nommer les membres d'une chambre par des électeurs qui, pour l'immense majorité, sont évidemment incapables d'y entrer eux-mêmes, c'est s'exposer à ce que la plupart des choix tombent sur des hommes de mérite sans doute, mais d'un mérite secondaire. Nous échapperons à ce vice de toute élection par le peuple, en chargeant notre chambre des pairs de se recruter elle-même ; et pour rester fidèle au parti que nous venons de prendre, c'est-à-dire pour que le nombre des membres de chaque section reste toujours invariable, la chambre n'exercera son droit qu'à la mort successive de chaque pair, et le successeur qu'elle lui désignera devra être choisi tel qu'il aille s'asseoir à la place même occupée par son prédécesseur.

Cette double restriction est d'une importance bien plus haute qu'on ne serait tenté de le croire au premier coup d'œil. Sans elle, la pairie subirait infailliblement le joug du plus influent de ses membres; elle ne se recruterait que parmi ses créatures et finirait par n'être un jour ou l'autre que l'expression compliquée, ou mieux, déguisée de la volonté d'un seul homme. Si, à l'Académie des sciences, un membre de physique, par exemple, pouvait être remplacé par un membre de botanique ou de toute autre section, n'est-il pas évident que cette assemblée ne serait bientôt plus que l'antichambre de M. Arago, ou plus généralement du savant le plus influent de l'époque, qu'il dût cette influence soit à la supériorité de son génie, soit à l'activité de sa puissance d'intrigue ? Ce n'est certainement que grâce à la nécessité de remplacer chaque mort par un savant de même espèce, que cette institution échappe à la tyrannie de l'individualisme, ce qui veut dire du hasard ; ce n'est qu'à elle seule qu'elle est redevablc de rester constamment la représentation fidèle des diverses parties de l'esprit scientifique.

4° Quant à cette excessive influence de l'esprit de localité, on sait qu'elle se trouve combattue et même détruite avant que nous ayons eu besoin de nous en préoccuper. En effet, avec le recrutement d'une chambre par elle-même, il n'y a plus de place pour le morcellement électoral, et dès lors nous n'avons plus à craindre que toutes ces petites convoitises de l'esprit de localité parviennent à voler à la vie politique sa puissance et sa forme.

Ainsi, inamovibilité de la fonction de pair ; division de l'assemblée en un certain nombre de sections, correspondant aux grands intérêts du pays et d'un nombre invariable de membres; enfin, recrutement de la chambre par elle-même, mais à la double condition de ne nommer un nouveau pair qu'à la mort d'un ancien, et de le choisir tel qu'il aille siéger à la place même qui vient de se trouver vide : telle est, en résumé, la constitution de ce pouvoir politique, qui, juxtaposé à la chambre des députés, me paraît devoir suppléer à son insuffisance. Au reste, cet espoir se fonde avec quelque fermeté, je pense, sur la simplicité même avec laquelle la partie organisatrice de notre travail découle de la partie critique. Car les choses simples sont presque toujours des choses vraies, l'erreur ne s'abritant guère que sous la complication.

Toutefois je ne me tiendrai point pour satisfait de cette probabilité ; et je vais essayer d'appeler successivement l'attention sur les diverses parties du système, de développer d'une manière spéciale pour chacune d'entre elles l'espèce d'avantage que j'en attends. Je mêlerai tout naturellement à cette discussion l'exposé des motifs qui me font rejeter deux principes, dont l'un sert de base à la pairie telle qu'elle est aujourd'hui et dont l'autre devient l'objet de regrets de jour en jour plus nombreux : il est clair que je veux parler de l'hérédité et de la nomination par le roi.

CHAPITRE II.

DE L'INAMOVIBILITÉ.

Les partisans de l'hérédité, comme ceux qui se contentent du système actuel, c'est-à-dire de la nomination par le roi, sont également d'accord pour reconnaître que la chambre des pairs doit être une législature à vie. Je ne vois qu'une exception, et cette exception même, je devrais peut-être ne pas m'en occuper ; car elle ne porte que sur une opinion dont il ne nous est plus permis de tenir compte, sous peine de sortir des termes dans lesquels la question est désormais posée pour nous. En effet, nous n'avons plus à discuter avec ceux qui se persuadent qu'on peut créer deux pouvoirs de nature distincte, en faisant deux lois électorales de formes différentes, et qui, dès lors, voudraient voir nos deux chambres sortir l'une comme l'autre de l'urne populaire.

Quant à nous, après le développement que nous avons donné à notre critique sur les conséquences inhérentes à tout mandat temporaire, nous avons, je crois, plus de raisons que tout autre pour regarder comme indispensable d'asseoir la pairie sur le principe de l'inamovibilité. Nous allons en tracer ici l'exposé le plus rapidement possible, vu que cet exposé ne saurait être, à vrai dire, qu'une répétion, et qu'une répétition est toujours trop longue.

Déjà nous avons montré, l'histoire à la main, que les cinq gouvernements parlementaires qui ont jeté le plus d'éclat dans le monde ont eu tous les cinq une législature viagère; poussons plus loin cet examen.

Je trouve d'abord que Rome et Lacédémone

n'en ont pas eu d'autre; mais que Carthage, Athènes et l'Angleterre y ont joint toutes les trois une assemblée à mandat borné. Si maintenant je considère à part chacune de ces cinq chambres à vie, je trouve de plus que l'une d'elles était élue par le peuple, et la petitesse du territoire de Sparte rend toute naturelle pour nous l'alliance de deux principes qui ne nous ont paru inconciliables que dans les grands États. Je trouve ensuite que l'aréopage d'Athènes se renouvelait en admettant dans son sein les archontes sortis de charge, et que chez les Carthaginois le conseil des cent quatre se recrutait lui-même à mesure que la mort lui enlevait un de ses membres. Quant à Rome, l'institution du sénat s'y basait sur plusieurs principes de nature tout à fait différente. En effet, nous avons déjà vu qu'on prenait place au sénat dès qu'on avait rempli une fonction curule, et que, d'un autre côté, les censeurs avaient le droit d'y faire entrer ceux des citoyens qu'ils jugeaient les plus dignes, afin de pouvoir ainsi maintenir l'assemblée à son nombre de trois cents. De plus il ne faut pas oublier que sous ces deux principes il s'en cachait un autre, celui de l'hérédité; car jusqu'à la fin du IVe siècle de l'ère romaine les patriciens seuls étaient admis aux charges curules, et les censeurs ne pouvaient choisir de sénateurs que parmi eux. On sait également qu'à partir de cette époque, les mœurs conservèrent aux patriciens la plus grande partie des avantages du double privilége que la loi avait cessé de défendre. En Angleterre enfin, la chambre haute s'appuie avant tout sur le principe de l'hérédité : car de même que nous avons dit que les seize pairs d'Écosse, quoique nommés pour un temps limité, n'empêchaient pas l'assemblée d'être une véritable législature viagère, nous pouvons encore dire qu'elle ne cesse pas d'avoir réellement le caractère héréditaire, parce que soixante-dix de ses membres siégent en vertu de droits d'une autre nature (1).

(1) Sur ces soixante-dix membres, quarante-quatre siégent en vertu du droit d'élection; ce sont les seize pairs

Ainsi, dans ces cinq constitutions, le nombre des assemblées délibérantes varie : les principes qui servent de bases à l'assemblée viagère varient également; on peut sans crainte en dire autant de ceux d'après lesquels se nomment les trois assemblées à mandat temporaire ; car Carthage, Athènes et l'Angleterre n'ont certainement point eu la même loi électorale. Donc tout y varie, tout, excepté une chose que nous y retrouvons toujours, et c'est l'existence d'un corps dont les membres sont inamovibles. Serait-il si téméraire de voir dans cet élément commun sinon la seule, au moins la principale explication de leur grandeur commune.

Je ne puis m'empêcher de trouver plus qu'étonnant que Montesquieu ait écrit sa grandeur et décadence des Romains sans faire remarquer ce qu'il y avait de spécial dans la constitution du

d'Écosse et les vingt-huit pairs d'Irlande. Quant au vingt-six lords spirituels, ils sont réellement nommés par la couronne, car ils siégent en vertu d'un droit attaché à leurs évêchés; et la couronne nomme à ces évêchés privilégiés comme aux autres.

sénat de Rome. Dans cet ouvrage, le mot sénat revient à chaque page ; mais l'auteur a oublié de préciser ce que ce mot voulait dire. Il parle sans cesse de l'admirable esprit de suite de cette assemblée ; il est pour lui la cause de la ténacité de la politique romaine, dont il se garde bien de demander le secret aux délibérations du Forum : mais cet esprit de suite, il n'essaie point d'en déterminer l'origine, de montrer comment il dut découler de la nature même de l'institution. Pourtant il ne naquit pas de l'influence du mot, comme on dirait que le pensent tous les législateurs modernes qui l'ont emprunté à la grandeur romaine. Après l'étonnante fortune de Rome, le mot sénat devait être un mot consacré ; il ne devait plus avoir qu'un seul sens dans le monde. Mais c'est surtout mépriser l'histoire, ou ne pas la comprendre, que de l'appliquer à une assemblée à mandat temporaire, et c'était au livre de Montesquieu à rendre désormais impossible cette erreur ou cette profanation.

Est-il donc si difficile de se rendre compte

de la haute action que toute assemblée viagère doit finir par exercer sur les destinées d'un peuple, lorsqu'elle est parvenue à prendre racine dans ses mœurs ?

Quand nous avons fait la part de l'esprit de cour dans l'influence de la royauté sur la civilisation moderne, nous avons fait observer que l'entourage personnel des rois d'Europe était parfaitement constitué pour recevoir et développer dans son sein le germe d'une politique longue et suivie ; et pour raison, nous avons dit qu'étant composé d'hommes qui devaient leur position, non au caprice d'un maître, mais au privilége de leur naissance, cette espèce de corps politique ne se renouvelait que par l'action de la mort, c'est-à-dire toujours sans secousse ; que dès lors les nouveaux-venus introduisaient bien de temps en temps quelques idées nouvelles, mais qu'ils n'arrivaient jamais en assez grand nombre pour détruire les anciennes ; qu'ainsi le présent pouvait modifier le passé, mais qu'il ne lui contestait jamais qu'une faible partie de son autorité directrice; en un mot, que les tendances traditionnelles s'y accommodaient lentement aux exigences du moment, mais aussi qu'elles n'y étaient jamais exposées à périr en un jour. Ce qui nous a paru vrai des anciennes cours européennes, pourquoi ne pas le répéter de toutes les législatures dont les membres sont inamovibles? C'est la mort qui se charge du renouvellement des unes comme des autres, car c'est une nécessité pour ces sortes d'assemblées de ne pouvoir se transformer autrement qu'en réparant successivement leurs pertes; et la mort, dans ces deux cas comme toujours, agit avec cette même lenteur qu'on serait tenté de prendre pour de la prudence. Pourquoi donc la même cause n'aurait-elle pas les mêmes effets?

Enfin, grâce à l'inamovibilité de sa position, le membre d'une chambre viagère est tout entier à ses devoirs, et ces derniers n'ont jamais à transiger avec le sentiment de la conservation. Il s'en pénètre d'autant plus profondément, qu'il sait qu'il n'en aura pas d'autres, que toute sa vie, comme toute sa gloire, repose sur leur accomplissement. Enfin chez lui l'égoïsme est sans crainte, comme il est sans espoir : car il sent qu'il ne peut monter plus haut, et que personne n'est assez puissant pour le faire descendre d'un pas. Aussi, dans l'enceinte d'une pareille assemblée, aucune influence extérieure ne saurait parvenir à parler en maîtresse, et les traditions politiques, qui y prennent naissance, peuvent toujours s'y développer en paix.

Cette haute indépendance, qui semble lui être si naturelle, une législature inamovible peut cependant la perdre : ce sera lorsque le reste de sa constitution, dont l'inamovibilité ne peut jamais être qu'une partie, n'aura point été combiné de manière à la mettre en rapport avec l'esprit public ; lorsqu'elle se verra réduite à élaborer des lois sans que personne s'en préoccupe, comme un préfet de police travaille à ses ordonnances ; lorsque, cessant de fixer les regards du peuple, cessant de parler à son imagination, elle sentira qu'elle a par là même cessé de gouverner, et que sa mission se borne à préparer l'action gouvernementale des autres. Infailliblement alors elle deviendra docile envers le pouvoir exécutif, car il sera le seul qui la visite.

Ce serait trop gravement se tromper que de croire que l'inamovibilité puisse suffire à faire pénétrer l'indépendance dans l'obscurité d'un bureau. L'indépendance est comme les plantes, qui s'étiolent dans l'ombre : elle a besoin, pour vivre, du grand air de la publicité.

On n'a donc réellement rien fait, quand on a déclaré une chambre inamovible, si, par le reste de la constitution qu'on lui donne, on ne parvient pas à attacher sur elle l'attention générale : aussi est-ce à résoudre ce problème d'une législature à la fois viagère et populaire, dans les données actuelles de notre société, que nous allons consacrer les quelques considérations qui vont suivre. Il y a bientôt trente ans que la

France y cherche une solution; il est grand temps qu'elle la trouve.

Nous avons rencontré cinq fois dans l'histoire le grand principe de l'inamovibilité législative, et nous avons reconnu qu'il avait demandé des conditions de vie à cinq espèces de constitutions de nature profondément distincte. Mais ce n'est point ici le lieu d'examiner comment chacune d'elles s'adaptait à la civilisation particulière du peuple qui l'avait adoptée. Car notre société française, telle qu'elle est déjà et surtout telle qu'elle paraît devoir être plus tard, n'a point assez d'analogie ni avec celles de l'antiquité, ni avec l'aristocratique Angleterre, pour que nous eussions grand profit à tirer de cet examen. C'est dans l'étude de son organisation présente qu'il faut et que nous allons chercher les éléments de notre solution.

CHAPITRE III.

DE LA DIVISION EN SECTIONS, ENVISAGÉE SURTOUT COMME MOYEN DE RATTACHER UNE CHAMBRE VIAGÈRE A L'ESPRIT PUBLIC.

Presque tout le monde aujourd'hui pense que le seul moyen de mettre une assemblée politique en communication avec l'esprit public, c'est de la faire nommer par le peuple. J'ai dit presque tout le monde; car cette opinion est même partagée par un grand nombre d'esprits, qui n'ont point gardé d'illusions sur l'élection populaire, et qui par réaction se sont souvent laissé emporter contre elle jusqu'à des préventions injustes. Aussi la plupart de ceux qui ne rêvent point une chambre des pairs élue par le peuple, se résignent-ils pour elle à l'isolement, sans prendre garde que c'est la priver d'air, que dès lors c'est la tuer.

J'avoue que je ne puis comprendre comment tant d'intelligences de nature si diverse en sont venues à se réunir en cet axiôme commun, que le seul moyen d'être en communication avec l'opinion publique, c'est d'en dépendre. Peut-on donc oublier qu'elle est trop passionnée pour ne pas donner prise sur elle, qu'après tout rien de ce qui pense n'est affranchi de l'obligation d'approuver? n'est-ce pas enfin sur ce côté passif de toute intelligence que s'appuient la plupart des relations sociales?

Nous avons déjà remarqué que dans notre société française aucune classification ne tend à simplifier des questions qui chaque jour se compliquent davantage; qu'ainsi l'instruction a beau pénétrer de plus en plus dans la masse de la nation, elle ne la rendra jamais capable d'arriver d'elle-même à une suite de pensées communes. Mais observons maintenant que ce dont elle peut et doit la rendre capable, c'est de comprendre : car il y a là un puissant élément de soumission, et d'une soumission toute spontanée au corps politique qui parviendrait à établir de l'ordre là où la discussion paraît devoir être fatalement confuse.

J'ai pensé pouvoir l'utiliser, en proposant de diviser la chambre des pairs en un certain nombre de sections correspondantes aux grands intérêts du pays, ou, ce qui est la même chose en d'autres termes, aux divers points de vue sous lesquels chaque question doit être envisagée. Ainsi nous aurions section de la marine, section de la guerre, section de l'instruction publique, section de l'agriculture, etc., etc.

En effet, n'est-il pas clair qu'une institution pareille combattrait la confusion de l'esprit public par cela seul qu'elle existerait ; par cela seul que son organisation si nette et si précise s'offrirait constamment à la vue de tout le monde, comme le symbole de l'ordre. Pour moi, je ne saurais mettre en doute qu'elle ne devînt bientôt le centre de tout ce qu'il y aurait de plus élevé dans les préoccupations politiques du pays. Car dans le monde intellectuel, l'ordre, c'est la lumière, et c'est un privilége de la lumière que d'attirer nécessairement les regards.

Que l'on compare ce que le droit de pétition est présentement en France à ce qu'il y deviendrait à coup sûr si la chambre des pairs était organisée comme je le propose.

Aujourd'hui il ne s'exerce que sans ordre, sans suite, pour ainsi dire individuellement, d'une manière si mesquine enfin, que maintenant il reste bien peu de chose de toutes ces hautes espérances que le parti libéral en avait conçues. Sorti de la doctrine du *laissez faire*, ce parti ne s'était point demandé si, pour arriver à quelque grandeur, le droit de pétition n'avait pas besoin de trouver dans la société certaines conditions qui protégeassent son développement; il n'avait pas réfléchi que, s'il a acquis de l'autre côté de la Manche des proportions si colossales, que l'imagination s'en étonne et qu'on est tenté de dire qu'une chose si grande est presque une institution, c'est que l'Angleterre est encore profondément aristocratique, et que dès lors rien ne peut s'y faire qu'avec ensemble. Eh bien! nous, ce que la société anglaise trouve en bas, grâce à ses vieilles classifications, nous le trouverons en haut, grâce à la division en sections de la chambre des pairs. En effet, ne serait-ce pas organiser le système des pétitions en France, que de diviser ceux qui les reçoivent en un certain nombre de sections qui se trouveraient correspondre aux diverses espèces de besoins d'une nature élevée ; sections enfin qui seraient à la fois toujours présentes pour engager à venir, et toujours les mêmes pour mieux juger?

Une fois que la chambre des pairs serait ainsi constituée, il me paraît impossible qu'elle ne vît pas accourir vers elle toutes les réclamations de quelque importance. Tout intérêt, qui s'élèverait plus haut que l'individualisme, ne trouverait-il pas nécessairement un protecteur dans l'une ou l'autre des sections? Ce protecteur ne serait-il pas, par sa position même, trop porté à l'écouter avec bienveillance, par ses antécédents trop bien préparé à le défendre, pour qu'il s'avisât d'aller porter ses doléances ailleurs.

Ce serait un protecteur et non point un avocat, vu que le personnel des sections ne changerait jamais; car ce n'est pas changer que de se renouveler par la mort. Dès lors, non-seulement il prêterait appui et défense; mais encore il donnerait des conseils, étant sûr de pouvoir les répéter, seul moyen de les faire croire. Ce patronage ne serait pas même interrompu par l'intervalle des sessions; car l'intervalle des sessions deviendrait le temps des relations préparatoires entre les protecteurs et les protégés, par cela seul que les mêmes intérêts seraient toujours sûrs de retrouver les mêmes défenseurs. Il est bien difficile d'apprécier à sa juste valeur tout ce qu'une pareille tutelle exercerait d'influence heureusement directrice.

Notez enfin que, dans notre hypothèse, un

grand nombre de pétitions, qui ne se seraient jamais aperçues qu'elles étaient liées entre elles par un intérêt commun, se trouveront tout naturellement conduites à le reconnaître, en se rencontrant à la porte du même protecteur, et que dès lors elles ne sauraient manquer de se réunir en un seul et même corps.

Il ne faut point oublier que le principal vice de la démocratie, c'est la confusion; et que le premier devoir des constitutions en tout État démocratique, c'est d'y apporter remède. Je pense être entré dans cette voie, en proposant pour la pairie une organisation aussi nette, d'une destination aussi précise que la division en sections. Si nous ne trouvons point dans l'histoire d'antécédents semblables, c'est qu'il n'y a point encore eu de société qui eût autant que la nôtre à lutter contre les embarras de la complication (1).

(1) Il faut excepter les États-Unis, qui se trouvent dans une situation analogue. Il est vrai qu'ils ne paraissent guère songer à obvier aux dangers qu'elle présente; mais je doute que l'avenir donne raison à cette sécurité.

La petitesse des républiques antiques, l'aristocratie moderne, qui dans les grands empires faisait prédominer de grandes divisions, rendent suffisamment compte de cette différence.

En composant notre chambre viagère de telle sorte que chaque élément de l'intérêt national y trouvât un défenseur naturel, notre principal but, comme l'indique le titre de ce chapitre, a été de fixer sur elle les regards du pays, de la mettre le plus intimement possible en communication avec l'esprit public : il me semble suffisamment prouvé que nous l'avons atteint. N'est-ce pas au reste à la même cause que notre académie est redevable de la plus forte part de sa popularité scientifique ? Mais les avantages de la division en sections ne se bornent pas là.

La division en sections est encore, par la classification fixe du travail qui en résulte, un double motif de vitesse comme de sûreté dans l'exécution. D'un autre côté, n'est elle pas pareillement une puissante garantie que chaque question n'y sera pas seulement étudiée du point de vue exclusif d'une préoccupation de l'opinion publique, mais qu'elle le sera simultanément sous toutes ses faces, sous toutes celles qui peuvent influer sur le présent ou l'avenir du pays ? En effet, chaque section est intéressée par honneur à ce que tel ordre de considérations ne soit pas laissé dans l'ombre : la nature d'esprit de ses membres, leurs habitudes, tout les pousse à y porter la lumière ; et puis la spécialité de chaque pair est trop bien définie pour qu'aucun d'eux puisse dire : « J'ai le droit d'avoir été entraîné comme les autres. » Enfin cette spécialité même se joint à l'inamovibilité pour donner plus d'énergie au sentiment du devoir. Car, j'ai déjà eu occasion de le dire, il n'y a que les devoirs nettement définis qui se sentent vivement, qui finissent par devenir comme partie de nous-mêmes. Ceux qui sont confus ou trop nombreux n'offrent jamais à la conscience qu'une base incertaine et tremblante, sur laquelle elle ne se tient que difficilement debout et ne songe point à marcher.

En un mot, une pareille organisation s'adapte merveilleusement à la faiblesse humaine. Dans la vie privée, ce sont les habitudes, les nécessités particulières de chaque position, qui seules parviennent à la soutenir; dans la vie publique, c'est à la précision des institutions à remplir ce même rôle d'appui. Aussi une des principales causes de l'insuffisance de notre chambre des députés, c'est que sa nature ne saurait se prêter à rien de semblable ; c'est que, comme nous l'avons déjà dit, elle abandonne l'homme à toute sa petitesse.

Si nous nous étions proposé de faire plus que d'établir quelques principes, s'il entrait dans notre plan d'avancer jusqu'à l'application, nous nous trouverions maintenant face à face avec un problème assurément fort difficile à résoudre. En effet, nous venons d'établir que la chambre non élue par le peuple doit se diviser en sections correspondantes aux grands intérêts du pays, pour que la netteté de sa destination parle pour ainsi dire aux yeux, et les force de se fixer sur elle; il nous resterait encore 1° à déterminer quel doit être le titre et le nombre de ces diverses sections; 2° à décider si le nombre des membres doit être le même pour toutes, et, dans le cas où nous nous déciderions pour l'inégalité, d'après quelles considérations nous adopterions tel rapport numérique plutôt que tel autre.

Quant à la première partie de cette double difficulté de l'application, je ne crains point de dire qu'elle est au fond bien moins sérieuse qu'elle ne le paraît au premier coup d'œil. En effet, si l'on hésite à créer une section spéciale pour tel ordre d'intérêts, c'est de deux choses l'une : ou qu'il sera d'une importance très minime, ou qu'il aura une grande analogie avec une autre classe d'intérêts, pour laquelle on en aurait déjà admis une; et dans l'un et l'autre cas, il ne saurait y avoir un grave inconvénient à la lui refuser. En général, je pense qu'il faudrait sacrifier beaucoup à la simplicité; car il n'y a que les choses simples qui aient de l'action sur les masses, en parlant à leur imagination.

Quant à la seconde, celle qui concerne le nombre des membres de chacune des sections, j'avoue qu'elle me paraît beaucoup plus compliquée, et je ne hasarderai aucune considération qui tende à la simplifier. Une solution plus ou moins heureuse ne ferait pas avancer l'opinion d'un seul pas. Ce qu'il y a à faire aujourd'hui, c'est d'appeler l'attention du pays sur des principes malheureusement trop nouveaux pour lui, de les lui mettre et remettre sous les yeux, jusqu'à ce qu'ils pénètrent dans son esprit ; et d'attendre ensuite qu'il en demande de lui-même l'application : car vouloir la lui imposer, ne fut-ce qu'en discussion , ce serait tout perdre.

Toutefois, s'il ne nous a pas paru actuellement utile d'insister ni sur le titre ni sur le nombre des diverses sections, nous croyons cependant devoir dès à présent parler de l'une d'entre elles.

Ainsi, selon nous, chaque président de conseil devrait être pair de droit, de même que tout ministre ayant fait partie d'un certain nombre de cabinets, qu'il s'agirait de déterminer. La réunion de ces hommes d'État formerait une section spéciale, qui serait naturellement destinée à donner des représentants aux vues des ministères antérieurs, à mettre ainsi la chambre toujours à même d'approfondir cette partie de la politique nationale qui n'appartient point encore à l'histoire.

Comme un des premiers devoirs d'une chambre des pairs, c'est de maintenir les droits du passé constamment intacts, en les défendant contre les empiètements du présent, et que, pour défendre, il faut connaître, on peut dire que la nécessité d'une pareille section se rattache, non à ces convenances de l'application qui peuvent ou, pour mieux dire, doivent varier suivant les temps et les lieux, mais bien à la nature même de l'institution ; et que dès lors elle doit se retrouver dans tous les pays comme à toutes les époques. Nous ne pouvions donc manquer de la signaler, bien qu'en restant placés au point de vue de la théorie. Peut-être même eussions-nous dû le faire dès le premier chapitre, lorsque nous avons exposé l'ensemble de l'organisation de la pairie,

Mais nous entrerions dans le domaine de l'application, si nous voulions déterminer de combien de ministères il faudrait avoir fait partie pour avoir droit à la dignité de pair : ce qui constitue le principe, c'est que chaque cabinet doit être représenté. J'ajouterai cependant ici qu'en l'appliquant, il faudrait songer à éviter un écueil, c'est-à-dire prendre garde d'enlever à la chambre des députés toutes les capacités en état de la conduire. Car il ne faut pas oublier que cette chambre a d'autant plus besoin d'avoir des chefs, que sa nature se refuse à toute source de classification autre que la discipline des partis. Il est vrai qu'on devrait également se souvenir que par la même raison elle n'a besoin que d'un petit nombre d'hommes supérieurs ; qu'ils lui deviennent nuisibles, une véritable cause d'embarras, sitôt qu'ils sont trop nombreux. Mais ce n'est point ici le moment d'essayer de faire sortir une conclusion de ces divers points de vue.

Sans doute cette portion de la chambre différerait du reste de l'assemblée par son principe de recrutement; elle différerait encore des autres sections, parce que le nombre de ses membres serait nécessairement variable. Mais cette double anomalie ne saurait présenter d'inconvénients graves, vu qu'une pareille section serait toujours fort peu nombreuse par rapport à l'assemblée totale; et que, dès lors, propre à l'éclairer de ses lumières, elle serait impuissante à lui imposer une volonté, à modifier les conséquences de son organisation générale, en tant que source de son esprit politique, au point de vue de la nature de ses tendances. Nous avons déjà eu occasion de faire remarquer que la chambre des lords ne cessait pas d'être une véritable assemblée héréditaire, avec toutes les conséquences bonnes ou mauvaises du principe, parce que quarante-quatre de ses membres siégent en vertu d'un droit d'élection, et que vingt-six autres sont redevables de leur dignité aux choix de la couronne.

Maintenant que nous avons traité de l'inamovibilité et de la division en sections, il ne nous reste plus, pour avoir terminé l'exposé de nos vues sur la pairie, qu'à nous occuper de son mode de renouvellement. Nous n'aurons point ici à chercher de principes nouveaux ; il va nous suffire de choisir entre ceux que nous avons déjà vus servir de base à des législatures viagères. Quant à la gérousie spartiate, il est clair que ce qui a été dit de l'élection par le peuple nous défend de penser à l'imiter. De même la nature du pouvoir exécutif en toute royauté constitutionnelle, l'irrégularité nécessaire de la durée des cabinets, l'impossibilité de priver entièrement l'autre chambre des lumières de l'expérience ministérielle, et beaucoup d'autres considérations encore ne permettent pas davantage de songer à faire sortir une pairie tout entière du mode de renouvellement de l'aréopage. Bien qu'il présente de hautes garanties à l'esprit conservateur, il ne peut évidemment suffire qu'à une société plus simple que la nôtre. Nous nous bornerons donc à nous occuper de l'héridité, de la nomination par le roi, et du recrutement de la chambre par elle-même.

Mais, avant d'en commencer l'examen successif, arrêtons-nous un moment; car déjà la pairie existe pour nous. Nous pouvons dire que nous avons résolu le problème d'une chambre, à la fois viagère et en communication avec l'esprit public.

En effet, quel que soit le mode de recrutement que nous adopterons plus tard, il ne saurait empêcher que des tendances traditionnelles ne germent dans le sein d'une assemblée, telle que nous l'avons conçue, qu'elles n'y grandissent paisibles et à l'abri de secousses violentes; car, grâce à ce double principe de l'inamovibilité et de la fixité du nombre des membres de chaque section, il ne peut être appelé qu'à remplir les vides causés par la mort, et un semblable renouvellement est toujours insensible. Enfin, comme l'inamovibilité rend la pairie indépendante de toute action extérieure, tandis que la division en sections force le pays à se préoccuper d'elle et dès lors à subir son influence, ce corps politique n'est-il pas déjà en état de remplir la mission que nous avons reconnu être la sienne, c'est-à-dire d'imprimer à l'opinion publique cet esprit de suite dont elle ne saurait trouver la cause dans sa nature démocratique? Le choix plus ou moins heureux que nous allons faire entre nos trois principes n'aura donc pour résultat que de grandir, mais non de créer, cette influence toute spéciale de notre nouvelle chambre des pairs.

Après tout, faisons cette remarque, qui porte à la fois sur l'inamovibilité et la division en sections : c'est que ces deux principes s'unissent si bien, se prêtent tellement appui pour faire naître et développer le sentiment du devoir, que l'on peut dire qu'ils serviraient de contre-poids à un mode de recrutement défectueux, pourvu qu'il ne fût pas absurde. Car le sentiment du devoir, quand il existe, élève presque toujours l'homme à la hauteur de sa position, quelque haute qu'elle soit.

CHAPITRE IV.

DE L'HÉRÉDITÉ.

Je ne parlerai point des répulsions de l'opinion publique; car si elles n'ont pour origine qu'une haine instinctive de ce qui fut, et non une appréciation réfléchie de ce qui sera, il est clair qu'il faudra résister au préjugé, ne fût-ce qu'en le laissant passer. Essayons donc d'écarter les préventions qui l'enveloppent, pour n'envisager que la question elle-même.

Il n'y a pas besoin de réfléchir longtemps pour sentir que le principe de l'hérédité s'allie mal avec celui de la division en sections. Ce dernier précise trop la position et les devoirs de chaque membre, pour qu'il soit permis de s'en remettre sur l'éducation seule du soin de préparer des pairs, pour qu'il ne soit pas nécessaire de choisir parmi les hommes faits ceux qui joignent au droit acquis du travail le privilége d'une organisation spéciale.

Il ne saurait être permis de composer chaque section que d'un petit nombre de membres, sous peine de s'exposer à porter le trouble et la confusion dans les délibérations générales; sous peine, en tous cas, de diviser et d'amoindrir par le nombre même de l'assemblée totale la dignité et l'influence personnelle des pairs, ce qui serait un grave inconvenient. Dès lors, chaque pair doit s'attendre à payer de sa personne, et c'est là une raison pour que le principe héréditaire, qui ne peut commander qu'à l'éducation, soit déclaré insuffisant à recruter une chambre viagère telle que nous l'avons conçue.

On conçoit qu'il cesse de l'être, lorsque l'immense majorité peut se contenter de juger, même de suivre, et de voter. On n'a besoin alors que de quelques hommes d'élite pour servir de tête au reste de l'assemblée, et il n'est pas permis de regarder comme possible qu'ils lui fassent jamais défaut, à moins de la supposer très peu nombreuse : ce qu'il est toujours facile d'éviter.

C'est en effet une nécessité pour tout corps politique de parer aux inconvenients de l'hérédité par le nombre même de ses membres. Sans cette précaution, il pourrait arriver qu'il se trouvât quelquefois au-dessous de sa mission. Pour n'avoir rien à craindre de ce côté, il faut qu'il imite la pairie anglaise, qui s'appuie sur la réunion de quatre cents et quelques intelligences.

Mais une pareille ressource est refusée à toute assemblée divisée en sections. Car elle n'est que la réunion de plusieurs petites chambres, dont chacune ne peut compter sur le nombre pour résister aux caprices de la naissance. Ce sont donc deux principes évidemment incompatibles que la division en sections et l'hérédité.

Nous pourrions, nous devrions peut-être terminer là ce que nous avons à dire sur ce dernier. Au point où nous en sommes, il ne saurait s'agir d'autre chose pour nous que de rechercher s'il peut ou non compléter celui de la division en sections, et cette tâche était si simple qu'elle est déjà remplie. Mais, comme l'hérédité a joué un si grand rôle dans l'histoire des gouvernements parlementaires, et comme, à elle seule, elle peut servir de base à toute l'organisation d'une chambre à vie, il est bon d'expliquer pourquoi nous croyons dans les nécessités de notre civilisation d'abandonner un principe qui contribua si puissamment à la grandeur de Rome et qui soutient encore le poids de l'Angleterre. Enfin, les partisans qui lui restent, si l'on réunit le grand nombre de ceux qui se taisent au petit nombre de ceux qui parlent, forment, à coup sûr, une opinion trop importante pour qu'il soit permis de passer à côté d'elle sans s'arrêter.

Sans doute notre principe de la division en sections est sorti si naturellement pour nous des exigences de la confusion démocratique, qu'il serait bien difficile d'admettre qu'on pût impunément le remplacer par un autre : car il ne peut plus être question d'adjoindre, puisque nous venons de reconnaître l'incompatibilité. Mais il ne s'agit pas seulement de ce que nous pensons : il s'agit aussi de ce que pensent ceux qui sont restés placés à un autre point de vue, auquel il faut dès lors se placer avec eux.

Au surplus, si nous revenons sur nos pas, ce sera pour peu de temps, attendu que nous n'aurons besoin que d'indiquer une destination nouvelle à des considérations déjà longuement développées.

Quand on se borne à n'envisager l'hérédité que sous un certain nombre des faces que cette question présente, on comprend facilement pourquoi tant d'esprits sérieux s'en détachent à regret. On ne saurait nier que la plupart des conséquences de ce principe ne concourent à approprier une chambre des pairs à sa mission spéciale.

En effet, où l'esprit traditionnel trouverait-il un asile plus sûr? Non-seulement l'assemblée ne se renouvelle qu'insensiblement par la mort successive de ses membres, ce qui le met à l'abri de toute secousse trop vive; mais encore chaque nouvel arrivant est pour lui comme une espèce de fils qu'il a depuis l'enfance animé de ses propres instincts et nourri de ses idées. C'est encore une heureuse condition d'indépendance de n'être redevable de sa position à personne, de ne la tenir que du droit de sa naissance; car, après tout, l'inamovibilité ne nous garantit pas de la reconnaissance.

Si le sentiment du devoir perd un précieux élément de force dans la spécialisation des fonctions que l'hérédité défend, il faut avouer que, d'autre part, elle sait l'en dédommager avec largesse. Ce sentiment n'est-il pas né pour ainsi dire avec l'enfant? ne s'est-il pas développé pendant la jeunesse, de manière à s'identifier avec l'homme mûr? Il s'appuie sur les souvenirs de la vie tout entière, et puis il sent derrière lui l'orgueil du sang et l'esprit de famille qui ne lui permettent pas de faiblir.

D'un autre côté, il ne faut pas craindre que la source des capacités vienne à tarir dans une réunion de familles toujours les mêmes. Car nous avons déjà montré que toute assemblée héréditaire, par cela seul qu'elle ne peut prétendre à une classification constante des divers ordres de travaux, peut toujours suffire à ses propres besoins, pourvu qu'elle soit quelque peu nombreuse, et c'est là une condition qu'il est toujours facile de remplir. Enfin, en laissant à la couronne le droit de rendre justice aux grands services, ou à quelques talents hors de ligne, en les élevant à la dignité de pairs, on remédierait aisément à ce fait naturel de la dégénérescence des races, et pourvu que ce droit fût limité par autre chose que des conseils, il est clair qu'il n'enlèverait rien au caractère conservateur de l'institution.

Mais malheureusement notre civilisation actuelle ne saurait profiter de tous ces nombreux avantages que nous venons de voir découler du principe héréditaire.

Lorsque nous avons établi l'impossibilité que l'esprit de cour prît de nouveau racine au sol de la France, on peut se rappeler qu'une des principales bases de notre opinion fut l'absence d'une noblesse qui servît d'intermédiaire entre l'esprit de cour et l'esprit public; et pour que cette base fût plus solide et plus durable qu'un fait actuel, qui, après tout, peut n'être qu'un accident, nous avons fait voir que la complication de nos sociétés modernes était incompatible avec la supériorité héréditaire des mêmes familles, ou, en d'autres termes, avec toute aristocratie par droit de naissance; nous avons prouvé que toute noblesse d'aujourd'hui serait morte après demain....... Eh bien! sans qu'il soit besoin d'entrer ici dans de nouveaux développements, ce que nous avons dit de l'esprit de cour, nous pouvons le répéter d'une pairie héréditaire. Il n'y a évidemment qu'une noblesse qui puisse lui servir d'intermédiaire avec l'opinion publique, qui puisse la rattacher au reste de la nation, qui puisse enfin habituer cette dernière à ne pas la regarder comme une anomalie sans raison et sans but.

Partout où une noblesse ne peut vivre, une chambre qui s'appuie sur l'hérédité se trouve par contre-coup condamnée à l'isolement. C'est une conséquence de l'identité de leurs principes que l'une ne saurait s'approprier aux exigences d'une société où l'autre a cessé de trouver les conditions de son existence. Mais isoler une chambre de tout contact avec l'esprit du pays, c'est ne lui laisser que le titre de pouvoir politique; c'est la rabaisser jusqu'au rôle de bureau législatif : nous l'avons dit, c'est la priver d'air, c'est la tuer.

N'est-ce donc pas une chose digne de remarque que de voir cette multiplicité d'intérêts qui se pressent aujourd'hui les uns contre les autres et demandent satisfaction tous à la fois, nous servir tantôt de preuve que le temps des classifications héréditaires est definitivement passé, tantôt de point de départ pour arriver à la division en sections de notre chambre viagère, cette forme réclamée si impérieusement comme contre-poids de la confusion démocratique et surtout comme seul moyen de suppléer à la popularité de l'élection par le peuple, mais à laquelle malheureusement toute assemblée héréditaire ne saurait se plier? n'est-ce pas parvenir au même but par deux routes différentes? n'est-ce pas assez clairement montrer qu'en partant des données actuelles de notre civilisation on se trouve fatalement amené à reconnaître l'impossibilité d'asseoir l'autorité d'une assemblée législative sur le principe de l'hérédité?

Avançons donc sans crainte que toutes les conséquences de l'hérédité, si fécondes en d'autres temps, sont désormais stériles pour nous. Pour qu'elles cessassent de l'être, il faudrait qu'une noblesse nouvelle pût renaître des cendres de l'ancienne; et l'on sait sur quelles raisons s'appuie notre incrédulité à cet égard.

Ainsi nous avons reconnu que l'hérédité ne

peut s'allier avec la division en sections, nous avons même jusqu'à un certain point remis ce dernier principe en question, en discutant le premier comme si le second n'eût déjà pas été adopté d'avance, et de ce nouvel examen nous avons vu sortir une preuve de plus que nous avions raison. Voyons maintenant si ce sera le roi ou la chambre elle-même que nous chargerons de remplir les vides que la mort fera dans chacune des sections.

CHAPITRE V.

DE LA NOMINATION DES PAIRS PAR LE ROI.

Je ne vois point d'impossibilité à ce que le principe de la nomination par le roi s'unisse à l'inamovibilité et à la division en sections, à ce qu'il vienne ainsi compléter l'organisation de notre chambre viagère.

Sans doute, à chaque vacance, le roi, ou, pour mieux adapter notre langage à la réalité constitutionnelle, le gouvernement du roi pourrait très bien désigner un successeur au pair qui viendrait de mourir : rien n'empêcherait que le nouvel élu n'allât remplir la place et les fonctions toutes spéciales de son prédécesseur. Il n'est pas probable, il n'est même pas permis d'admettre comme possible que les choix de la couronne tombassent sur des hommes réellement impropres à leur destination. Dans cette hypothèse, après tout, la chambre aurait en face d'elle un ministère responsable. Aussi, pour qu'elle ne détruisît ni le principe de la division en sections, ni l'invariabilité du nombre des membres de chacune d'elles, ce qui est une conséquence ou mieux une partie de ce principe, il suffirait que la prérogative royale ne pût s'exercer que lorsque la mort aurait fait un vide dans l'assemblée.

Mais là se bornent les avantages de la nomination par le roi, c'est-à-dire qu'ils se bornent à ce qu'elle n'est point impossible. Quant à ses inconvénients, on ne saurait nier qu'ils ne soient fort nombreux.

On ne peut admettre, disions-nous tout à l'heure, que les choix de la couronne tombassent sur des hommes qui fussent par leurs antécédents véritablement étrangers à la spécialité de leur position future. Mais, pour être juste, il faut pareillement admettre que les droits de chaque candidat à faire partie de telle ou telle section seraient bien loin d'être les seuls motifs de l'élection royale. Souvent la manière de voir du pair futur sur la marche générale des affaires pèserait plus dans la balance que ses titres spéciaux. A mesure que la pairie occuperait une plus large place dans nos institutions, elle deviendrait inévitablement le point de mire des plus hautes influences politiques du pays. N'est-il pas probable que chaque ministère verrait dans la grandeur même de cette ambition ce que, dans un langage plein de pudeur, on nomme un puissant moyen de gouvernement, c'est-à-dire une manière de faire céder autrement que par des raisons les diverses convictions qu'il rencontre sur sa route? Ne serait-il pas à craindre qu'un siége au Luxembourg ne devînt plus d'une fois le motif et la récompense d'une longue suite de concessions à tout autre chose qu'à l'intérêt général? D'un autre coté, les hommes d'une intelligence vraiment supérieure, les hommes surtout d'une spécialité trop nette, sont généralement d'une haute fermeté. Il me paraît fort douteux que le pouvoir ministériel n'eût pas une grande tendance à leur préférer des esprits d'une nature moins élevée, pour qu'ils fussent d'une trempe moins forte. Il sait, qu'il peut avoir besoin des complaisances de tout le monde, et qu'il faut semer pour récolter. Ce sont là sans doute des motifs d'un ordre bien bas ; mais on les niera, et voilà tout.

En résumé, s'il n'est pas permis de craindre de choix réellement indignes de la part de la couronne, on aurait tort également d'en espérer les plus dignes. On peut même dire que la nomination par le roi aurait une certaine analogie de résultat avec l'élection populaire, en ce sens qu'elle serait aussi très souvent favorable au demi-mérite.

Au reste, ces deux sortes d'élections qui paraissent si différentes au premier coup d'œil, ne se ressemblent-elles pas encore sous cet autre point de vue, que dans l'une comme dans l'autre on s'élève rarement au-dessus de l'actualité, que ce sont les préoccupations du moment qui finissent par décider de presque tous les choix? Si le peuple vit au jour le jour, parce que ses passions sont vives et qu'il est placé trop bas pour voir plus loin que le présent, le pouvoir ministériel en fait autant par crainte : car il est en général trop peu sûr de l'avenir pour ne pas songer, avant tout, au lendemain. Le plus souvent, lorsqu'il y aurait une place vacante au Luxembourg, il s'inquièterait bien moins des titres acquis ou des votes futurs des divers candidats que des amis politiques de l'un d'entre eux, dont il faudrait à tout prix suspendre l'opposition dans telle question actuelle. Avec la nomination par le roi, aucune idée fixe et soutenue, aucune vue d'ensemble, ne peut présider au renouvellement si long et si lent de la chambre des pairs. Un ministère est malheureusement chose qui passe, et toutes les tendances d'un pareil pouvoir se ressentent toujours plus ou moins du caractère éphémère de sa vie.

A Rome, les consuls étaient chargés de la plus grande partie de la puissance exécutrice. Aussi, dès qu'il y eut des censeurs, se hâta-t-on de leur enlever le droit de nommer aux places qui restaient vacantes dans le sénat; et il me paraît difficile de ne pas reconnaître toute la sagesse de ce déplacement de fonctions. Il est dans la nature de tout pouvoir exécutif de se préoccuper presque exclusivement des difficultés du jour, de n'envisager que le présent; par conséquent, d'être peu propre à recruter un corps politique, qui doit relier l'un à l'autre le passé et l'avenir du pays. Il est à regretter qu'en France ce soit une erreur si commune que de confondre la partie exécutive du pouvoir avec le pouvoir tout entier, de croire travailler en faveur de l'autorité, alors qu'on ne bâtit que sur un mot, de ne pas comprendre enfin qu'il n'est qu'une seule manière de fortifier le pouvoir, et que c'est de faire faire à chacun ce qu'il est apte à faire (1).

Au point de vue de l'indépendance person-

(1) Il est à craindre que, dans cette grave affaire de l'é-

nelle de chaque pair, la nomination par le roi trouve son contre-poids dans l'inamovibilité de l'élu ; mais ce contre-poids est-il tout à fait assez pesant ? L'inamovibilité garantit bien ce que j'appellerais volontiers l'indépendance matérielle; mais elle laisse subsister une espèce de dépendance morale. Il est vrai que le roi n'aura pas la force d'obtenir ; mais il se sentira jusqu'à un certain point le droit de demander. En un mot, l'avenir est libre, mais le passé ne l'est pas : et

cole Polytechnique, nous ne soyons bientôt victimes d'une méprise de ce genre.

Si le gouvernement réussit à supprimer ou à réduire à rien le droit de présentation de l'Académie des sciences, il sera parvenu sans doute à ce qu'on appelle faire prévaloir les droits de l'autorité : mais au fond il aura détruit l'action du seul pouvoir compétent, il aura miné une des bases de notre supériorité scientifique dans le monde ; de manière que, pour échapper à quelques embarras passagers, qu'il eût mieux valu laisser passer, il aura créé un mal durable et dont les conséquences peuvent être plus grandes qu'on ne le pense.

Il ne faut pas oublier que c'est en France, et non en Angleterre, que tous les peuples nouveaux viennent s'initier à la civilisation européenne, et que c'est là une des forces de notre pays.

c'est un mal, qu'il ne faut pas s'exagérer sans doute, mais aussi qu'il est défendu de nier.

Je sais que le sentiment du devoir puise assez de force et d'énergic à cette double source de l'inamovibilité et de la division en sections, pour qu'il soit permis d'espérer que les obligations de l'avenir neutraliseront les souvenirs du passé. Mais, quand même on admettrait que chaque pair, avant d'agir, se rappellera toujours ce qu'il est, et jamais ce qu'il fut, il faudrait encore tenir grandement compte d'une chose, c'est que l'opinion est d'une nature défiante. Dès lors n'est-il pas à craindre qu'elle n'explique par des motifs étrangers à l'esprit de l'institution les diverses résistances qu'elle y rencontrera?

Le rôle de la pairie, par rapport à l'esprit public, doit être un rôle actif : il serait fâcheux qu'il pût être soupçonné d'avoir été passif à son tour.

Enfin une pairie dont les membres sont choisis par le roi a le grave inconvénient de paraître quelque chose de complexe et d'une nature douteuse ; on a besoin d'attention pour reconnaître que c'est autre chose qu'une délégation d'autorité. Au premier coup d'œil, elle ne se sépare pas nettement du pouvoir qui a élu chacun de ses membres ; il faut réfléchir pour reconnaître que le roi, qui nomme successivement chacun des pairs, ne nomme pas la pairie ; que l'esprit de corps a presque toujours modifié les tendances du nouveau venu, avant que la prérogative royale ait eu occasion de leur envoyer du renfort ; que l'action du roi enfin ne porte jamais que sur une partie infiniment petite de l'assemblée, et que dès lors elle reste constamment impuissante contre l'ensemble..... Mais il faut réfléchir, et malheureusement l'opinion publique n'offre guère de prise à la réflexion. Il n'y a à agir fortement sur elle que les choses qui parlent à son imagination, c'est-à-dire les choses simples, celles qui se saisissent à la première vue, qui frappent l'esprit aussi vite que les yeux.

Il n'est pas besoin de pousser plus loin cet examen critique, pour sentir que ce ne serait qu'avec regret que nous complèterions la constitution de la chambre des pairs par le principe de la nomination par le roi. Toutefois, malgré la portée des reproches que nous venons de lui adresser, je ne pense pas qu'il suffit de l'admettre pour neutraliser toutes les heureuses conséquences de nos deux principes fondamentaux. Je persiste à croire qu'une assemblée à la fois inamovible et divisée en sections exercerait encore une haute et salutaire action sur les destinées du pays, quand même ce serait la couronne qui aurait le privilége d'en réparer les pertes; car, ainsi que je l'ai précédemment établi, l'inamovibilité et la division en sections sont en définitive les pierres angulaires de l'édifice.

Un pareille organisation est trop bien appropriée aux besoins d'une société sans classification aristocratique, elle est un remède trop simple et trop sûr contre la confusion, ce vice inhérent à la nature de la démocratie, pour que tout corps politique qui s'appuyera sur elle n'ait pas nécessairement prise sur une civilisation analogue à la nôtre. Qu'on se reporte, par exemple, à ce que nous avons dit du droit de pétition. N'est-il pas clair que le principe de la nomination par le roi n'empêcherait pas la division en sections de s'opposer au morcellement indéfini, qui, chez nous, tend à anéantir l'exercice de ce droit politique? N'est-il pas clair que, grâce à l'inamovibilité, le personnel des sections n'en resterait pas moins toujours le même ; qu'alors les mêmes intérêts retrouvant toujours les mêmes défenseurs et les mêmes conseillers, il s'établirait pareillement entre eux des rapports constants de protecteurs et de protégés, et que ces rapports constitueraient pour les pairs de véritables relations de tuteurs, et cela quel que fût après tout le pouvoir qui les eût nommés ? N'est-il pas également hors de doute que l'esprit traditionnel trouverait encore un asile tranquille et sûr au sein de l'assemblée, bien qu'une puissance étrangère en eût choisi les membres, par cela seul qu'elle ne pourrait user de son droit qu'à mesure que la mort le lui permettrait. Car du mode de renouvellement de la chambre, ce qui importe avant tout à l'esprit traditionnel, c'est son plus ou moins de lenteur, et c'en serait justement la partie qui se trouverait au-dessus de la prérogative royale.

Ce que j'ai fait pour l'hérédité en la discutant non-seulement comme complément de l'inamovibilité et de la division en sections, mais encore comme base unique de la pairie tout entière, je ne le ferai point pour le principe moderne de la nomination par le roi, dût-il même s'aider du concours de l'inamovibilité. En effet, ce principe ne nous a jamais paru apporter à l'institution aucune espèce de forces qu'il tînt de sa propre nature ; ces avantages pour nous ont été purement négatifs, c'est-à-dire qu'ils se sont bornés à ne pas détruire, ou au moins à ne détruire qu'incomplètement. Dès lors l'inamovibilité se trouverait isolée, abandonnée à elle-même, sans que rien vînt lui prêter appui ; et nous avons vu que, réduite ainsi à ses propres ressources, ne pouvant appeler la publicité à son aide, elle devient impuissante même à garantir l'indépendance d'une assemblée.

En 1830, on crut nécessaire et par malheur on jugea suffisant de compléter ce système par un principe nouveau, celui des catégories. Mais, logiquement parlant, cette combinaison se réfute d'elle-même. En effet, la plupart de ces catégories indiquent la nécessité du principe de la division en sections, et en laissant la couronne y puiser à sa guise sans règle aucune pas plus pour le temps que pour l'espèce, on s'est montré impuissant à suivre les conséquences d'un heureux aperçu. C'est qu'on avait confondu la capacité législative d'un corps politique avec son autorité gouvernementale, ou que, du moins, on avait cru que la seconde était une conséquence de la première, c'est-à-dire, en d'autres termes, que toute réunion d'hommes supérieurs était nécessairement un pouvoir. Mais c'est là une erreur de même genre que celle du parti démocratique, qui ne sait pas distinguer entre les lumières privées de chacun des individus qui composent les masses, et l'intelligence politique de ces masses elles-mêmes, ces deux éléments dont nous nous sommes efforcé de faire sentir la différence profonde. En général, les institutions sont destinées à élever les hommes au-dessus de leur nature ; mais les hommes les plus forts sont impuissants à leur rendre la pareille.

Si le principe des catégories, tel qu'on l'a conçu après la révolution de 1830, est une garantie satisfaisante de la capacité législative d'une assemblée, il s'en faut de beaucoup qu'il assure également son autorité gouvernementale. La capacité législative vit parfaitement dans l'ombre; on peut même dire que les regards du public tendent à troubler sa vie. L'autorité gouvernementale, au contraire, se nourrit des préoccupations de l'opinion publique : elle est morte, sitôt qu'on a cessé de la regarder. Eh bien! n'est-il pas clair que les législateurs de juillet n'ont rien fait pour attacher les yeux du peuple sur l'institution de la pairie?

Ne pouvant puiser sa popularité aux sources de l'élection par le peuple, n'ayant pas de noblesse qui se posât en intermédiaire entre elle et l'esprit public grâce au principe commun de l'hérédité, une législature à vie devait attirer les regards par la clarté même de son organisation. Placée à côté d'une chambre que son origine populaire rend impropre à toute classification permanente du travail, elle devait surtout, et elle le pouvait facilement, briller de la lumière du contraste. A ce double point de vue, la division en sections est, on peut le dire, une des meilleures conditions de son action sur les masses ; je vais plus loin, elle est une des nécessités de sa vie.

En 1830, il est vrai, notre chambre des députés fut tout à coup environnée d'une si éclatante auréole de toute-puissance, qu'il était presque impossible d'étudier de bien près les faiblesses de sa nature, de se rendre assez nettement compte de son insuffisance, pour que cette insuffisance même servît de point de départ à une conception suffisante de l'organisation de la chambre des pairs.

On regrettera longtemps que notre chambre viagère ne soit pas née viable de la commotion de juillet ; car toute époque n'est pas propre à créer une grande institution, et il y a, dans une origine révolutionnaire, je ne sais quoi d'imposant, qui, jusqu'à un certain point, remplace le prestige de l'âge.

CHAPITRE VI.

DU RECRUTEMENT DE LA CHAMBRE PAR ELLE-MÊME.

Des trois modes de renouvellement dont nous nous étions proposé d'examiner le plus ou moins de convenance actuelle pour une chambre viagère, deux sont déjà jugés pour nous : le premier, comme radicalement impossible ; le second, comme plein d'inconvénients, mais cependant admissible à la rigueur, si l'on ne peut trouver mieux. Pour fixer notre choix, il ne nous reste donc plus qu'à former notre opinion sur le troisième. Il consiste en ce que ce serait la chambre des pairs elle-même qui se trouverait chargée de désigner un successeur à chacun de ses membres qui viendrait de mourir.

On sent sur-le-champ que cette nouvelle manière de se recruter ne renferme rien qui ne s'adapte de soi-même au reste de notre projet d'organisation pour la pairie, qui ne se marie tout naturellement avec l'inamovibilité et la division en sections. Il ne nous sera pas beaucoup plus difficile de reconnaître qu'elle n'a pareillement rien à craindre des reproches que nous avons adressés à la nomination par le roi ; que non-seulement elle ne détruit ni même n'affaiblit aucun des avantages de nos deux principes fondamentaux, mais qu'elle serait encore pour eux un puissant auxiliaire, en ce sens que la pairie trouverait dans sa nature propre une source nouvelle de force et de considération.

Comme l'hérédité, le recrutement de la chambre par elle-même met chaque membre à l'abri de toute action extérieure, le garantit de toute influence étrangère aux tendances générales de l'assemblée ; et cela, tout aussi bien pour le passé que pour l'avenir. N'est-ce pas à ses collègues seuls que chaque pair est redevable de son élévation, et dès lors la reconnaissance n'est-elle pas devenue de l'esprit de corps? On peut dire que l'indépendance d'un pareil pouvoir est non-seulement entière, mais, ce qui plus est, au-dessus de tout soupçon; et notez qu'ici l'apparence est presque d'un aussi grand prix que la réalité; car, pour agir sur l'opinion, la pairie doit avoir une autorité sans tache.

Nous reprochions tout à l'heure à la nomination par le roi d'en faire une institution d'une nature douteuse; de lui enlever une partie de ses droits à commander, en lui donnant l'air de n'être qu'un pouvoir de seconde main; de la rendre enfin moins apte à impressionner les masses; par cela seul qu'il faut réfléchir pour reconnaître que le reste de son organisation lui garantit une volonté qui n'appartient qu'à elle. Grâce au droit de se recruter elle-même, la pairie n'aura plus besoin qu'on la regarde de près pour s'apercevoir qu'elle vit d'une vie qui lui est propre; et toutes les fois que l'esprit public la rencontrera face à face, il ne sentira plus cette secrète envie de regarder derrière elle.

Nous l'avons fait remarquer, les assemblées héréditaires retirent un grand avantage de ce que tous leurs membres sont élevés dans les mêmes idées, de ce qu'ils ont été préparés depuis l'âge le plus tendre à une position commune, comme s'ils étaient tous les fils d'une même famille : en effet, c'est ainsi que les tendances individuelles, toujours si variées, finissent cependant par se fondre dans une seule et même tendance générale, celle de l'institution. Sans doute une chambre qui se recrute elle-même, ne prépare pas ses membres depuis l'enfance ; mais elle les choisit quand ils sont hommes, et les deux résultats se ressemblent beaucoup ; car cette espèce de parenté de l'éducation n'est-elle pas remplacée par une double parenté d'une autre sorte, celle de l'analogie des organisations et de la similitude des travaux ?

D'un autre côté, c'est une infirmité inhérente

à la nature de toute assemblée qui ne se recrute pas elle-même, que de cesser d'être entièrement souveraine, toutes les fois qu'il s'agit de nommer un de ses membres : elle dépend alors plus ou moins du pouvoir chargé de présider à son renouvellement, et l'autorité perd toujours quelque chose à ces sortes d'interrègnes.

Supposons un instant que l'Académie des sciences perdît ce précieux privilége de choisir elle-même ceux qui sont dignes de siéger dans son sein, qu'elle se vît, par exemple, réduite à accepter la décision d'une certaine partie du peuple des savants. Quelque heureusement conçu que fût ce nouveau système électoral, il ne me paraît pas douteux qu'une semblable révolution n'eût les conséquences les plus funestes. Ce ne serait plus le même tribunal qui prononcerait sur le mérite des ouvrages et sur la valeur des hommes; chaque académicien serait tantôt solliciteur, tantôt sollicité; du rôle de juge, il retomberait souvent à celui d'avocat. Dès lors le corps tout entier perdrait nécessairement une partie de cette haute et imperturbable influence que l'on peut hardiment regarder comme une des bases les plus solides de cette belle organisation de l'esprit scientifique en France. Comme la foi, toute espèce de soumission souffre longtemps même de la plus courte intermittence.

Une seule considération enfin suffirait à elle seule à trancher la question.

Si nous avons reconnu que toute chambre où il n'existe pas de classification du travail fondée sur cette fixité des intérêts à débattre qui se représentent toujours les mêmes, où par conséquent chaque membre n'est pas destiné à s'occuper plus spécialement de telle question que de telle autre; si nous avons reconnu, dis-je, qu'une pareille chambre n'éprouvait pas le besoin de renfermer dans son sein une grande quantité d'hommes supérieurs, il est évident qu'il n'en est plus de même pour toute assemblée d'une forme analogue à celle que nous avons admise pour notre pairie. L'immense majorité des membres ne saurait s'y borner à approuver ou à désapprouver ; il fautque chacun y paie de sa personne, et dès lors la médiocrité ne peut jamais s'y trouver à sa place. Le nombre des intelligences hors de ligne ne saurait y devenir une cause d'anarchie ; car il y a une position définie d'avance pour chacune d'entre elles, et du travail pour toutes. Mais n'est-ce pas dire que c'est une conséquence de la division en sections que de réclamer le mode de renouvellement le plus propre à faire entrer dans la chambre tout ce que le pays renferme de sommités politiques ? Par contre-coup, n'est-il pas clair que nul autre ne peut être préféré au recrutement de la chambre par elle-même ?

Aucun autre pouvoir ne peut sentir aussi vivement le besoin de faire les choix les plus justes. Toute corporation ne tend-elle pas de plus en plus à étendre sa considération ? C'est là certainement une exigence trop impérieuse de l'esprit de corps, pour que la justice ici ne devienne pas de l'égoïsme. D'un autre côté, les supériorités ne se trouveront plus en face de l'urne populaire; elles n'auront plus à se plaindre d'être classées par la médiocrité. En un mot, qu'on se rappelle par quels motifs nous avons établi que toute élection par le peuple était nécessairement trop favorable au demi-mérite; qu'on se rappelle également pour quelles raisons les choix de la couronne ne nous ont pas semblé offrir une sécurité complète, et ces diverses considérations se réuniront d'elles-mêmes pour nous prouver que la balance où se pèsent les titres des candidats à la pairie ne saurait être remise entre des mains ni si sûres ni si dignes que celles de la chambre. Il serait superflu d'en recommencer ici le double exposé.

Nous complèterons donc l'organisation de notre assemblée viagère en ajoutant aux deux principes précédemment admis de l'inamovibilité et de la division en sections ce dernier et troisième principe du recrutement de la chambre par elle-même.

Quelque grands, quelque nombreux avantages que nous soyons fondés à espérer de ce nouveau mode de renouvellement, il faudrait cependant bien se garder de croire qu'il pût à lui seul fournir la base unique d'une assemblée viagère; que, réduit à ses propres forces, il fût en état de lui donner la vie.

Après l'élection par le peuple, dont il ne peut être ici question puisqu'il s'agit de remédier à ses inconvénients, il n'y a que la division en sections qui puisse commander l'attention d'une société démocratique. J'ai beau examiner le principe du recrutement de la chambre par elle-même, en étudier les diverses conséquences, je n'y découvre rien qui soit de nature à attirer nécessairement les regards de l'opinion publique. Il rend l'institution digne de les soutenir, mais il ne va pas plus loin. Il est, en un mot, impuissant à la garantir de l'isolement, cette cause certaine de mort pour toute assemblée politique.

CONCLUSION

DE LA TROISIÈME PARTIE.

Pour arriver à un premier aperçu d'une organisation rationnelle de notre chambre viagère, il nous a suffi, comme on se le rappelle, de nous placer au point de vue de l'insuffisance de la chambre des députés, de prendre notre point de départ dans cette insuffisance que nous venions d'étudier avec détail. Ensuite, comme si nous eussions oublié que cette constitution nouvelle était une conséquence trop simple des données du problème, pour que l'on ne fût pas en droit de la regarder comme nécessaire, nous avons repris à part chacun des éléments qui la composent pour les discuter séparément, pour en déterminer les résultats probables; et dans cet examen successif des diverses parties du système, nous avons découvert des raisons plus nombreuses et surtout plus approfondies d'en adopter l'ensemble. Nous avons donc doublement montré qu'une assemblée viagère peut prendre racine en une civilisation comme la nôtre; qu'elle n'y est point fatalement condamnée à l'isolement, c'est-à-dire à la mort; que, pour fixer les regards, elle n'a qu'à placer dans son organisation même un principe d'ordre qui fasse hardiment contraste à cette tendance à la confusion, le principal vice des démocraties, et par contre-coup en devienne le remède.

Maintenant, si nos espérances s'appuient solidement, comme nous le croyons, sur les diverses considérations que nous venons de leur donner pour bases, nous pouvons écouter sans crainte ce que proclament la logique et l'histoire: c'est qu'il n'y a qu'anarchie ou impuissance pour tout gouvernement parlementaire qui ne s'est pas placé sous la tutelle d'une législature à vie.

Là se termine ce que nous avions à dire sur la nature des réformes que réclame la pairie. Aller plus loin, ce serait entrer dans le domaine de l'application, et le moment n'est pas venu de mettre le pied sur ce nouveau terrein : car si l'esprit public permet qu'on le guide, il ne veut pas qu'on lui fasse violence; s'il consent à penser d'après les autres, il ne veut agir que d'après lui. Il se révolte contre quiconque prétend l'entraîner à l'action, avant qu'il ait eu le temps de s'approprier l'idée qu'il s'agit d'appliquer. Il faut qu'il ait pour lui toutes les apparences de l'initiative.

CONCLUSION GÉNÉRALE

OU

DE L'ÉTAT ACTUEL DU PROBLÈME PARLEMENTAIRE.

Nous avons fait sentir la nécessité d'une réorganisation de notre chambre viagère ; nous nous sommes efforcé de déterminer quels principes doivent lui servir de bases. Pour prouver de plus qu'elle doit précéder toute réforme électorale de quelque importance, il va nous suffire de rapprocher les uns des autres les différents points de vue où nous nous sommes successivement placé, de réunir ici les principales conclusions de ce travail.

Ainsi nous avons démontré que tout état démocratique à vaste territoire renfermait nécessairement trop d'intérêts divers, sans liaison apparente et souvent ennemis, pour qu'ils pussent se réunir d'eux-mêmes en une direction commune et permanente. Plusieurs fois, on s'en souvient, nous avons eu occasion de reconnaître que, dans les données actuelles de notre civilisation, l'esprit public avait besoin de demander la source de son activité à une pensée plus simple et d'une nature supérieure à la sienne; qu'il ne pouvait se transformer en une politique suivie qu'à la condition de se laisser conduire par autre chose que ses propres tendances; en un mot, qu'une opinion vraiment nationale n'y pouvait s'animer et vivre que d'une vie de réaction.

D'un autre côté, nous ne sommes pas moins fondé à soutenir qu'il n'y a désormais que l'élément parlementaire qui puisse recevoir et féconder dans son sein le germe de cet esprit de suite, sans lequel toute nationalité ne fait plus que dépérir. Et, comme nous avons suffisamment prouvé qu'en France toute chambre élue par le peuple ne peut dominer de bien haut l'intelligence politique du pays; qu'elle est radicalement incapable d'une véritable influence directrice, de cette action primitive sans laquelle il ne peut y avoir de réaction, sans laquelle, nous l'avons vu, il n'est pas permis d'espérer d'opinion réellement nationale, n'est-il pas clair que c'est sur la pairie que doivent porter les premières préoccupations de quiconque veut remédier à l'insuffisance du gouvernement de juillet?

S'occuper d'abord de la chambre des députés, c'est-à-dire de l'opinion politique du pays dont elle se borne à donner une expression régularisée, c'est évidemment s'occuper de ce qui ne peut être que de la réaction, avant d'avoir songé à l'action; c'est vouloir utiliser l'effet, avant d'avoir pensé à organiser la cause : c'est bâtir sur le vide.

Quand nous aurons constitué une source de tendances traditionnelles dans la partie viagère de notre parlement, alors le rôle de la réforme électorale commencera. Ce sera à elle à en faire des tendances nationales, en associant la nation à leur développement ; ce sera à elle à leur imprimer ce double caractère de grandeur et d'énergie qui n'appartient qu'au nombre.

Si nous n'insistons pas présentement sur ce côté du problème constitutionnel, c'est qu'il est de sa nature de ne pouvoir être résolu qu'en second lieu. Mais on se tromperait gravement de croire que nous n'en sentons pas toute la haute importance. Nous savons tout ce qu'un gouvernement peut gagner de puissance à revêtir franchement le vêtement populaire : nous savons que si, en mécanique, la réaction est toujours égale à l'action, c'est, en matière sociale, le privilége des masses de rendre cent fois plus qu'elles ne reçoivent, de grandir tout ce qu'elles touchent.

Enfin, quand nous avons déclaré qu'il n'y avait aujourd'hui que la vie politique qui pût s'opposer au progrès de l'individualisme, n'est-il pas clair que nous ne pouvions songer à en faire le partage exclusif des classes élevées, à interdire définitivement l'usage du droit électoral à l'immense majorité du peuple? L'individualisme n'est-il pas une plaie aussi dangereuse dans le bas que dans le haut de la société.

Mais toute grande question, pour être abordée avec utilité, ne doit l'être qu'en son temps, et, je le répète, celui d'une véritable réforme électorale n'est point encore venu. On peut même dire que la plupart des préventions qui s'opposent à son passage tiennent à ce qu'on lui demande ce qu'elle ne peut donner, ou, en d'autres termes, à ce que l'on veut commencer par où l'on doit finir. Car il faut creuser dans la masse électorale, non pour y découvrir la capacité politique, mais pour l'y faire descendre.

En général, quand on s'occupe d'institutions politiques, on ne doit jamais perdre de vue que l'homme n'est qu'un animal petit, mais qui a le besoin d'être grand, et que dès lors il faut qu'on le grandisse : car c'est à le grandir que sont destinées les institutions, et c'est assez dire, je pense, que leur rôle doit être actif, et non point passif, comme le veulent les démocrates.

Tel est, Monsieur de Lamartine, l'exposé succinct de quelques idées politiques sur lesquelles il me paraît urgent que l'opinion publique fixe son attention, et que j'ai pensé devoir soumettre à l'appréciation de votre haute et impartiale intelligence. Je les crois justes, j'ai confiance en vous; j'espère qu'elles se développeront sous l'abri tutélaire de votre protection.

En tout cas, excusez-moi d'avoir emprunté, pour des vues que je regarde comme utiles, un peu de l'éclat qui s'attache à votre nom.

FIN.

POST-SCRIPTUM.

QUELQUES MOTS A L'OCCASION D'UN ARTICLE DE LA PRESSE (1).

J'avais terminé l'impression de ce travail, quand a paru dans le journal *la Presse* un article digne d'attention sur la nécessité de créer un conseil supérieur de défense nationale.

Une pareille proposition est par elle-même trop importante, tant à cause des raisons qui la motivent, que du but qu'elle est destinée à atteindre; elle a d'un autre côté trop d'analogie avec une partie des considérations que j'ai moi-même développées, pour qu'il ne m'ait pas paru convenable d'en faire immédiatement l'objet des quelques considérations qui vont suivre. Cette discussion, après tout, servira à jeter une lumière

(1) Numéro du 21 septembre 1844.

nouvelle sur la nature des idées contenues dans notre étude du pouvoir parlementaire.

Suivant l'auteur de l'article, la France, dans cette double affaire du Maroc et d'Otaïti, vient de se trouver une seconde fois prise au dépourvu par les évènements, une seconde fois hors d'état d'ajouter l'autorité de son épée à la justice de ses droits. Cette manière d'apprécier notre situation militaire vis-à-vis de l'Europe est au reste partagée par presque tous les hommes politiques de notre temps; car au grand nombre de ceux qui la professent à haute voix, il faut ajouter le nombre bien plus grand encore de ceux qui n'osent ou ne croient pas devoir l'avouer ouvertement.

Pour que cette infériorité cesse le plus vite possible, surtout pour qu'elle ne se représente jamais, il est clair qu'il faut se mettre à étudier sur-le-champ, et continuer d'étudier toujours les divers éléments de notre puissance nationale, afin de pouvoir continuellement tenir compte des modifications que la marche des temps leur fait subir comme au reste des choses humaines. Mais à qui confier l'étude d'un pareil ordre de questions? à qui demander la solution qu'elles réclament ?

L'auteur de l'article pense qu'on s'adresserait vainement au pouvoir ministériel, et non moins vainement encore, si ce n'est plus, au pouvoir parlementaire. Aussi est-il naturellement conduit à proposer la création d'un conseil supérieur de défense nationale.

Examinons successivement les trois parties de cette triple conclusion.

Quant à ce qui regarde le pouvoir ministériel, je suis entièrement de l'avis de *la Presse.* J'ai même de la peine à croire qu'elle ne se sache pas plus raison qu'elle ne l'a voulu dire.

Si elle ne met en avant que l'impuissance des ministres à étudier à fond toutes les questions qu'ils sont chargés de traiter ; si elle ne parle que de cette insuffisance nécessaire d'hommes « qui

« déjà fléchissent sous le poids d'une centralisa-
« tion mal réglée, et qui n'ont pas une heure
« par jour à donner à la méditation et à la pré-
« voyance », je penserais volontiers qu'elle obéit à une politesse de discrétion, selon moi, fort exagérée, et que je ne crois point devoir imiter. Les ministres ne font pas par eux-mêmes, ils font faire ; ils n'ont qu'à créer l'esprit de leur administration, et l'esprit de l'homme va bien vite quand l'exécution ne l'arrête pas.

Soyons donc plus franc, et disons que le pouvoir ministériel, comme j'ai déjà eu plusieurs fois occasion de le faire remarquer, est par sa nature trop porté à se préoccuper avant tout des embarras du moment ; qu'il est par conséquent peu propre à se maintenir à la hauteur des questions qui intéressent l'avenir autant et souvent plus que le présent ; que dès lors ce serait une grande imprudence de s'en remettre exclusivement sur lui de tout ce qui regarde la défense du pays. Car, en fait de défense nationale, quand le présent est tranquille, l'avenir peut très bien ne pas l'être ; et l'on sait que, quand le présent est tranquille, un ministère l'est presque toujours.

Sans hésiter davantage, l'auteur de l'article déclare n'accorder pas plus de confiance au pouvoir parlementaire. Pour partager une seconde fois sa manière de voir, je voudrais qu'il eût ajouté : tel qu'il est constitué de nos jours.

Sans doute nos chambres ne se préoccupent point assez de mettre notre pays en état de parer aux éventualités d'une de ces complications internationales qu'il est impossible de prévoir. Je conviens volontiers avec lui que cette indifférence n'est que trop démontrée par la légèreté avec laquelle la loi sur le recrutement de l'armée a été discutée dans la session dernière : je veux bien convenir encore que c'était là l'occasion « d'examiner quel devait être le rapport « entre nos forces de terre et nos forces de mer, « d'examiner quelles alliances nous devions préférer, de déterminer la nature des dangers « que nous avons à craindre », d'approfondir enfin une foule de questions de politique internationale de la plus haute importance ; et que cependant ni les unes ni les autres n'ont su attirer l'attention de notre parlement. Qu'on ne dise pas que la loi des fortifications (votée à tort ou raison, peu importe ici) prouve qu'il sait ne pas reculer devant la dépense ; car cette même loi prouve également qu'il ne sait avoir de prudence qu'après le danger, qu'il n'est capable que d'une sorte de prévoyance rétrospective. Mais j'accepte la critique et n'ai point à lui trouver des motifs nouveaux. Seulement, creusons plus avant que l'expérience ; au-dessous du fait, cherchons à découvrir la cause.

N'est-il pas clair que cette indifférence ou cette insuffisance de nos chambres, comme vous aimerez mieux dire, prend surtout sa source dans l'absence complète de toute espèce de classification fixe des travaux et des devoirs, absence que nous avons signalée comme un des principaux vices de notre parlement actuel ? J'ai trop souvent et trop longuement insisté sur ce côté du problème parlementaire, pour qu'il soit besoin d'y revenir ici ; cette note ne devant être lue que de ceux qui auront commencé par lire le travail qui la précède.

Mais rappelons-nous aussi ce que nous avons pareillement établi, rappelons-nous qu'il n'y a eu que l'hérédité et l'élection par le peuple dans les grands États, à nous avoir paru incompatibles avec la spécialisation des travaux législatifs ; que cette incompatibilité disparaissait dès que nous admettions ou le renouvellement de la chambre par elle-même, ou la nomination par le roi. Car puisqu'une de nos chambres a déjà cessé de s'appuyer sur l'un ou l'autre de ces deux principes, on sent qu'au remède indiqué par *la Presse* on peut songer à en substituer un autre, celui d'une modification convenable de notre système parlementaire.

En effet, pour peu qu'on se souvienne de ce que nous avons dit des conséquences probables de la division en sections, de ce que nous nous croyons fondé à espérer de l'introduction de ce nouveau principe dans la constitution de l'une de nos deux assemblées législatives, n'est-il pas évident qu'après une semblable modification de la chambre des pairs, nous n'aurions plus à craindre que le pouvoir parlementaire continuât à se préoccuper aussi peu d'organiser les divers éléments de notre puissance nationale? N'y aurait-il pas dans cette chambre une ou plusieurs sections qui, grâce à la précision même de leur destination, seraient intéressées par honneur à ne jamais perdre de vue ces hautes et importantes questions? Il n'est pas besoin d'ajouter que les lumières toutes spéciales de chacun de leurs membres ne permettent pas de douter que des efforts à la fois si constants et si intelligents ne fussent couronnés de succès.

Voyons maintenant si l'on peut accorder la même confiance au remède proposé par le rédacteur de *la Presse*.

Le conseil supérieur de défense nationale, par cela seul qu'il ne ferait pas partie de l'une ou de l'autre de nos deux assemblées, se trouverait nécessairement placé sous l'action directrice de la volonté ministérielle. Il ne serait qu'un véritable bureau du pouvoir exécutif; et dès lors on peut se rappeler qu'à nos yeux la valeur personnelle de ses membres, quelque élevée qu'on la suppose, leur inamovibilité même serait insuffisante à garantir son indépendance. Car nous l'avons déjà dit, pour qu'une institution politique parvienne à puiser dans sa nature des forces qui n'appartiennent qu'à elle, à vivre enfin d'une vie qui lui soit propre, il faut qu'elle se nourrisse continuellement des préoccupations de l'opinion publique; et je ne pense pas que *la Presse* songe, pour lui en donner le moyen, à permettre à son comité de défense de publier dans les journaux le compte-rendu de ses délibérations.

Mais cette publicité même n'atteindrait certainement pas encore le but. L'esprit public se refuserait à suivre des discussions trop abstraites pour lui, et la plupart du temps trop peu importantes pour mériter les efforts d'une attention pénible. Si, contre tout ce qui me paraît probable, elle parvenait à l'atteindre, on aurait créé un quatrième pouvoir dans l'État, et je doute fort que l'on eût à s'en féliciter.

Pour rester dans le vrai, il faut donc reconnaître que le conseil supérieur de défense nationale obéirait docilement aux ordres des divers ministères ; qu'il ne serait immuable qu'en apparence ; qu'il ressentirait à tout instant le contre-coup de la mobilité des autres. Et comme chaque cabinet ne manquerait pas de se targuer des lumières spéciales d'un pareil serviteur, de prétendre s'en composer un droit à parler en maître au pouvoir parlementaire, ce serait dès lors tout remettre entre les mains du pouvoir ministériel. Je ne sais si le rédacteur de l'article, grâce à ce corps nouveau qu'il met entre ce dernier pouvoir et lui, parvient à ne pas le voir, ou s'il ne l'a pas plutôt critiqué que pour la forme.

Mais laissons cette objection de côté, et supposons un instant que le comité de défense fût réellement autre chose qu'une extension de la puissance ministérielle.

Ne sent-on pas que, si une institution pareille parvenait à prendre racine dans nos mœurs, d'autres ordres d'intérêts ne tarderaient pas à se regarder comme d'une importance assez haute et assez générale pour se croire des droits à avoir aussi leur conseil supérieur? Après un tel précédent, comment en refuser un aux réclamations de l'agriculture, à celles de l'industrie, à celles du commerce, cette partie désormais si étendue des relations internationales, etc., etc. ? Mais, une fois établis, ces divers conseils ne pourraient agir sans se heurter ou s'entendre. Il faudrait donc qu'ils se communiquassent leurs vues, qu'ils délibérassent ensemble, quand même ce ne serait pas dans la même chambre. Dès lors nous retombons dans quelque chose d'analogue à la pairie divisée en sections ; car il est clair que les membres de tous ces conseils devraient être inamovibles, et la division en sections, jointe à l'inamovibilité, nous a toujours paru la véritable base d'une assemblée viagère en France. Seulement on aurait en moins les avantages des délibérations communes, et ils sont à coup sûr trop grands pour qu'il ne fallût pas se hâter de réunir ces diverses parties en un seul et même corps, de les réunir aussi en un seul et même nom.

Ainsi, on le voit, d'un côté l'institution proposée par *la Presse* serait inutile, si le parlement français recevait l'organisation dont nous avons essayé de faire ressortir une partie des conséquences heureuses.

De l'autre, on voit également que si l'on tentait de suppléer à l'insuffisance évidente de sa constitution actuelle par une application convenable de l'idée de ce journal, et que cette institution, ce qui me paraît peu probable, devînt d'une utilité à la hauteur du besoin, on voit, dis-je, que de succès en succès on arriverait nécessairement à une refonte entière du système parlementaire, à asseoir son organisation nouvelle sur les principes que nous avons indiqués.

Mais, je le répète, il est bien à craindre qu'en prenant la route détournée dont le rédacteur de l'article signale le commencement, on ne s'aperçût plus tard que l'on s'est agité pour rester à la même place, qu'on n'a eu que l'illusion du progrès. Car nous avons prouvé qu'il ne crée rien qui soit réellement distinct du pouvoir ministériel, bien qu'il prétende, avec raison, selon moi, qu'il n'en faille rien attendre.

En définitive cependant, *la Presse* voit une partie du mal que nous avons signalé, et elle en voit probablement la cause là où nous la voyons. Si les évènements qui la lui ont fait remarquer n'étaient pas d'une actualité trop impatiente pour lui avoir donné le temps de généraliser sa critique, elle eût sans doute aussi vu le remède là où nous l'avons vu.

A l'abri des préoccupations d'une situation pénible, sous l'impression d'une réflexion plus calme, elle se fût mieux rappelé que le gouvernement sous lequel nous vivons est de l'espèce de ceux qu'on nomme parlementaires ; qu'il faut qu'il en ait la réalité, puisqu'il en porte le nom, c'est-à-dire que la source de la capacité politique se trouve placée dans les chambres.

TABLE DES MATIÈRES.

Pages.

TROISIÈME PARTIE.

DE LA CHAMBRE DES PAIRS.

CONCLUSION GÉNÉRALE,

www.ingramcontent.com/pod-product-compliance
Ingram Content Group UK Ltd.
Pitfield, Milton Keynes, MK11 3LW, UK
UKHW021854190726
13855UKWH00001B/307

9 782012 985520